SV

Band 1471 der Bibliothek Suhrkamp

Wie Shahrnush Parsipur in diesen Geschichten zupackt, ist überwältigend. Soviel Unerschrockenheitmangesichts von Größe, Gewalt, Absurdität und Bosheit des Lebens, soviel schreckliche Klarheit und Schönheit. Jahre vor der Islamischen Revolution von 1979 fliehen fünf Teheraner Frauen mit den unterschiedlichsten Vorgeschichten aus ihrem Lebensunglück aufs Land. Sie geraten in ein Haus, das eine vermögende Frau sich nach der Trennung von ihrem Mann gekauft hat. Es wird zum Zufluchtsort. Ein prekäres Zusammenleben beginnt. Geschichten sind zu erzählen, Wunden zu heilen, Wünsche anzupacken. Nach einiger Zeit und vielen Turbulenzen zerstreuen sich die Frauen wieder: das Leben (und Sterben) geht weiter. Als Parsipur ihren Roman 1990 in Teheran veröffentlichte, wurde er umgehend verboten. 2009 wurde der Film *Women Without Men*, den Shirin Neshat nach dem Buch drehte, bei den Filmfestspielen in Venedig ausgezeichnet.

Shahrnush Parsipur
Frauen ohne Männer

Roman

Mit einem Nachwort der Autorin
Aus dem Farsi
von Jutta Himmelreich

Suhrkamp Verlag

Titel der 1989 in Teheran veröffentlichten Originalausgabe:
Zanan bedun-e mardan
Das Nachwort schrieb die Autorin für die englischsprachige Ausgabe des Romans, die 2011 in New York bei The Feminist Press at the City University of New York erschien.

Erste Auflage dieser Ausgabe 2023

Umschlaggestaltung nach Entwürfen von Willy Fleckhaus
Druck: Books on Demand GmbH, Norderstedt
Printed in Germany
ISBN 978-3-518-24398-5

www.suhrkamp.de

Frauen ohne Männer

Mahdokht

Der Garten, von Mauern aus Lehmstroh umgeben, saftig grün, lag jenseits des Dorfes, am Fluß, der das Grundstück begrenzte. Es war ein Kirschgarten, mit sauren und süßen Kirschen. Auf dem Grundstück stand ein Wohngebäude, halb Land-, halb Stadthaus, mit drei Zimmern. Vor dem Haus befand sich ein Wasserbecken, voller Algen und Frösche. Rings um das Bassin war Kies gestreut, und unweit standen vereinzelte Weidenbäume. Nachmittags lag das dunkle Grün des Wassers mit dem hellen Grün der sich spiegelnden Weiden immer in lautlosem Wettstreit. Mahdokht stimmte das jedesmal traurig, weil sie Streiterei überhaupt nicht mochte. Einfach und unkompliziert wie sie war, wünschte sie, alle und alles sollten sich miteinander vertragen, selbst die Myriaden von Grüntönen dieser Welt.
So ruhige Farben, gewiß, und doch ..., dachte sie.
Unter einem der Bäume stand, mit zweien ihrer vier Beine auf der Einfassung des Beckenrands, eine Bank, die auf dem glitschigen Untergrund jederzeit ins Wasser rutschen konnte. Auf dieser Bank saß Mahdokht und betrachtete das Wasser, die Spiegelbilder der Weiden in ihrem Streit, und das Blau des Himmels, das sich meist nachmittags machtvoll über diesem grünen Reigen erhob und Mahdokht wie der höchste Richter vorkam.
Wenn Mahdokht im Winter strickte oder erwog, Französisch zu lernen oder die Welt zu bereisen, dann deshalb, weil man in der Kälte gesunde Luft atmen konnte. Im Sommer hingegen war's damit vorbei. Denn der Sommer war voller Rauch und

Dunst und Staub, und es wimmelte von Autos und Menschen. Dazu diese großen, traurigen Fensterscheiben, die die stechende Sonne hereinließen.

Warum, zum Teufel, begreifen sie nicht, daß solche Fenster in unserem Land nichts taugen?

Das fragte sich Mahdokht und war auch deshalb schlecht gelaunt, weil sie der Einladung ihres älteren Bruders Huschang Khan notgedrungen gefolgt und hierher in den Garten gekommen war, wo ihr nun nichts anderes übrigblieb, als den Lärm der Kinder zu ertragen, die den lieben langen Tag Geschrei machten, sich die Bäuche mit Kirschen vollschlugen, allabendlich Durchfall bekamen und nächtelang Joghurt aßen.

»Das ist Joghurt aus dem Dorf.«

»Ausgezeichnet, ja.«

Die Kinder froren ununterbrochen, sie waren bleich, obwohl sie für ihr Alter zuviel aßen, so viel, bis es ihnen zu den Ohren rauskam, wie ihre Mutter das nannte.

In Mahdokhts Anfangszeit als Lehrerin pflegte Herr Ehteschami zu ihr zu sagen: »Fräulein Parhami, legen Sie das Heft bitte dort drüben hin ... Fräulein Parhami, bitte läuten Sie zur Pause ... Fräulein Parhami, reden Sie mit dieser Soghra, ich verstehe einfach nicht, was sie will ...« Herr Ehteschami hätte sich gern als Direktor und sie als seine Stellvertreterin gesehen. Was gewiß nicht das Schlechteste gewesen wäre. Eines Tages aber hatte Herr Ehteschami sie gefragt: »Fräulein Parhami, möchten Sie heute abend mit mir ins Kino gehen? Es läuft ein guter Film.«

Mahdokht war kreidebleich geworden. Wie sollte sie auf diese Kränkung reagieren? Was dachte sich dieser Kerl? Für wen hielt er sie? Was wollte er wirklich? Nun wurde Mahdokht auch klar, warum das Lächeln in den Gesichtern ihrer Kolleginnen jedesmal erstarb, wenn Herr Ehteschami mit ihr sprach. Die Kolleginnen hatten also gewisse Vermutungen. Doch wie falsch sie lagen, das würde Mahdokht ihnen zeigen, allen würde sie zeigen, was in ihr steckte, wer sie wirklich war. Sie kam einfach nicht mehr zur Schule. Im Jahr darauf, als sie erfuhr, daß Herr Ehteschami Fräulein Ata'i, die Lehrerin für Geschichte und Geografie, geheiratet hatte, spürte sie, wie sich ihr Brustkorb verengte. Wie er so eng wurde, daß Mahdokht dachte, ihr Herz könne ihr jeden Augenblick aus dem Leib springen.

»Unser Vater hat einfach zuviel Geld hinterlassen.«

So war's. Im Jahr darauf strickte sie den ganzen Winter über. Sie strickte für die beiden ersten Kinder ihres Bruders Huschang Khan, die damals gerade laufen lernten. Zehn Jahre später strickte sie für fünf Kinder.

»Mir ist völlig schleierhaft, warum sie so viel Nachwuchs in die Welt setzen.«

Woraufhin Huschang Khan erklärte: »Ich kann nichts dafür, ich mag Kinder eben, was soll ich machen.«

Tja, was soll er machen, wirklich, er hat ja recht, was soll er tun, dachte Mahdokht.

Sie hatte kürzlich einen Film mit Julie Andrews gesehen, in dem Julie mit einem Österreicher verlobt war, Vater von sieben Kindern, die er mit Pfiffen herumkommandierte. Schließlich heiratete er Julie. Sie hatte ja eigentlich ins Kloster gehen und Nonne werden wollen, sich dann aber doch entschieden, den Österreicher zu heiraten, weil sie das achte Kind erwartete. Das schien die bessere Lösung, zumal die Deutschen im Anmarsch waren und alles Schlag auf Schlag ging.

Ich bin wie Julie.
Mahdokht hatte recht. Sie war wie Julie. Beim Anblick einer Ameise mit gebrochenem Bein konnte sie sich die Augen ausweinen. Viermal schon hatte sie die ausgehungerten Straßenköter hier gefüttert, und dem Schuldiener hatte sie ihren neuen Wintermantel vermacht. Dreimal war sie ins Waisenhaus gegangen, als sie noch Lehrerin war, im Rahmen der regelmäßigen Besuche öffentlicher Einrichtungen, und hatte den Kindern jedesmal mehrere Kilo Süßigkeiten gebracht.
So liebe Kinder.
Sie hätte nichts dagegen gehabt, ein paar von ihnen zu sich zu nehmen. Was hätte dagegen gesprochen? Als ihre eigenen wären sie zumindest immer adrett gekleidet gewesen, die Nasen wären ihnen nicht gelaufen, und sie hätten das Wort Toilette nicht ständig in den Mund genommen.
Was wohl werden wird aus ihnen?
Eine schwierige Frage. Insbesondere, da die Regierung hin und wieder im Radio oder im Fernsehen verlauten ließ, man müsse sich diesbezüglich etwas einfallen lassen.
Sowohl die Regierung als auch Mahdokht sorgten sich um die Kinder. Was, wenn Mahdokht tausend Hände hätte und jede Woche fünfhundert Pullover stricken würde?
Mit je zwei Händen einen und mit tausend Händen fünfhundert.
Ein Mensch konnte aber keine tausend Hände haben, schon gar nicht Mahdokht, die den Winter liebte und nachmittags gern spazierenging. Wenn nun jeder Mensch tausend Hände hätte, würde es mindestens fünf Stunden dauern, tausend Handschuhe anzuziehen.
Nein, mit fünfhundert Händen nehmen wir fünfhundert Hand-

schuhe in je eine Hand und streifen sie uns über die anderen fünfhundert Hände. Höchstens drei Minuten.
Allzu problematisch ist das nicht. Dafür findet sich bald eine Lösung. Schließlich ist die Regierung zuständig. Soll die doch eine Pulloverstrickerei aufmachen.
Mahdokht ließ die Füße im Wasserbecken baumeln.

Als sie zum ersten Mal hier in den Garten gekommen war, war sie ans Ufer gegangen, in den Fluß gewatet, und sie hatte das eiskalte Wasser ihre Waden umspülen lassen. Lange hatte sie damals nicht im Wasser bleiben können, um sich nicht zu erkälten. Nun zog sie ihre Schuhe wieder an und ging zum Gewächshaus. Die Tür stand offen, und die feuchte Hitze drinnen war noch sommerlicher als der Sommer draußen. Herr Ehteschami hatte vor Jahren gesagt, es gäbe nichts Besseres, als tagsüber die feuchtwarme Luft eines Gewächshauses einzuatmen, da alle Pflanzen Sauerstoff produzierten. Er sagte das, obwohl das Gewächshaus damals leer war, weil alle Pflanzen bereits draußen standen. Mahdokht schlenderte den schmalen Gang im Gewächshaus entlang, betrachtete die staubigen Glasscheiben. Plötzlich Bewegungen und Atemgeräusche, leidenschaftlich, brennend, heiß, und der Geruch von Menschen.
Mahdokht erschrak fast zu Tode. Fati, das Mädchen für alles, fünfzehn Jahre jung, war im hintersten Winkel des Gewächshauses mit dem Gärtner Yadollah zugange, dessen Anblick auch sonst schon die reinste Strafe war, mit seiner Glatze und seinen entzündeten Augen. In einem fort nur Stöhnen, Stöhnen, Stöhnen.
Mahdokht wurde schwarz vor Augen, ihr zitterten die Knie.

Sie suchte Halt an einer Blumenbank. Doch sie konnte den Blick nicht abwenden. Sie schaute und schaute, bis die beiden sie sahen. Der Mann hatte zu jaulen begonnen. Vergeblich versuchte er, sich von dem Mädchen zu lösen. Schlug blindlings auf das Kind ein. Fatis Blick und ihr Arm, nach Mahdokht ausgestreckt. Mahdokht stürzte ins Freie, erschüttert, verstört. Wie benommen ging sie zum Wasserbecken, ihr war speiübel. Unwillkürlich wusch sie sich die Hände, setzte sich auf die Bank am Bekkenrand.

Was mach ich jetzt bloß?

In der ersten Aufregung war sie versucht, Huschang Khan und seiner Frau alles zu erzählen. Ihnen hatte man das Mädchen schließlich anvertraut.

Erst fünfzehn, und schon mißraten ...

Huschang würde Fati windelweich schlagen, ganz bestimmt, und sie dann aus dem Haus jagen. Ihre Brüder würden sie garantiert umbringen.

Was tun?

Mahdokht hätte am liebsten auf der Stelle ihre Koffer gepackt und wäre nach Teheran zurückgegangen. Das wäre jedenfalls besser als ständig diese Aufregung.

Also?

Sie war unschlüssig, sah sich aber gezwungen, nochmals zum Gewächshaus zu gehen. Der Schreck saß ihr noch in den Gliedern. Das Mädchen, den Tschador linksherum übergestreift, das Gesicht rot und zerkratzt, kam unterwürfig auf sie zu.

»Khanum Dschan«, flehte Fati und warf sich Mahdokht zu Füßen.

Sie winselt wie ein Hund, dachte Mahdokht. Laut sagte sie: »Hau ab, du Stück Dreck.«

»Nein, Khanum Dschan, bei Gott, ich bin bereit, für Sie zu sterben. Ich opfere mich für Sie, beim Allmächtigen.«
»Halt den Mund. Geh mir aus den Augen.«
»Möge der Allmächtige mir all Ihren Kummer aufbürden. Wenn Sie es meiner Mutter sagen, bringt sie mich um.«
»Wer sagt denn, daß ich was sage?«
»Ich schwöre bei Gott, er wird um meine Hand anhalten. Gleich morgen wird er's der Herrschaft sagen.«
Mahdokht mußte versprechen, Stillschweigen zu bewahren, damit das Kind endlich von ihr abließ. Ein widerliches Gefühl, Fatis Hände an ihren Füßen. Das Mädchen, am Boden zerstört, schlich zurück zum Haus. Mahdokht holte tief Luft, hielt mit Mühe ihre Tränen zurück.

Mittlerweile waren drei Monate ins Land gegangen. Der Sommer wäre in wenigen Tagen vorüber. Heute wollten sie in die Stadt zurückkehren, und niemand konnte sich erklären, warum der Gärtner urplötzlich gekündigt hatte. »Seltsam«, wunderte sich Huschang Khan, »er hat doch selbst hundertmal gesagt, er geht nicht.«
Es mußte also ein neuer Aufseher her, damit der Garten während ihrer Abwesenheit im Winter nicht in fremde Hände fiele.
Wildfremdes Pack könnte im Handumdrehen vier Bänke am Fluß aufstellen und sie am Wochenende, freitags, für dreißig Toman an den letzten Abschaum vermieten. Huschang Khans Argument überzeugte sie alle.
Fatis schrilles Lachen drang vom anderen Ende des Gartens herüber. Sie spielte draußen mit den Kindern, und Gott allein wußte, was für Spiele sie ihnen beibrachte. Mahdokht schritt

in ihrem Zimmer auf und ab, hämmerte mit den Fäusten gegen Tür und Wände. Sie machte sich Sorgen um die Kinder.
Hoffentlich ist sie jetzt schwanger, dann bringen sie sie um, dachte Mahdokht.
Eine Schwangerschaft wäre gut. Alle ihre Brüder würden sich auf sie stürzen, und sie käme unter ihren Fäusten und Füßen zu Tode. Welch ein Segen. Dann würden die Kinder nicht verdorben. Und plötzlich schoß es ihr durch den Kopf:
Meine Jungfräulichkeit ist wie ein Baum. Sie mußte in den Spiegel schauen, mußte ihr Gesicht betrachten.
Vielleicht bin ich ja deshalb so grün.
Ihr fahles Gesicht war gelblich grün. Sie hatte Schatten unter den Augen, und auf ihrer Stirn zeichneten sich Adern ab.
»Wie kalt Sie sind. Wie Eis«, hatte Herr Ehteschami gesagt.
Nicht wie Eis, dachte sie. Ich bin ein Baum.
Sie könnte sich in die Erde pflanzen.
Ich bin kein Samenkorn. Ich bin ein Baum. Ich muß mich selbst einpflanzen.
Wie sollte sie Huschang Khan das erklären? Sie würde sagen: Bruderherz, komm, laß uns ganz versöhnlich etwas miteinander bereden. Du weißt ja, daß Fabriken das Pulloverstricken übernehmen. Wenn sie das aber sagte, würde sie ihm auch die tausend Hände erklären müssen. Die Hände würde sie unmöglich erklären können. Die würde Huschang Khan nie verstehen. Wie konnte sie sagen, daß es, wenn tausend Fabriken Pullover strickten, nicht mehr nötig wäre, mit der Hand zu stricken.
Sie würde es ihm wohl oder übel sagen müssen, wenn sie im Garten bleiben und sich zu Winteranfang einpflanzen wollte.
Sie würde sich bei den Gärtnern nach der günstigsten Pflanz-

zeit für Bäume erkundigen. Daß sie es nicht wußte, war nicht tragisch. Sie würde hier bleiben und sich einpflanzen. Vielleicht würde tatsächlich ein Baum aus ihr. Sie wollte am Flußufer wachsen und Blätter bekommen, grüner als der Algenschlamm, und den Wettstreit mit dem Wasserbecken aufnehmen. Wenn ein Baum aus ihr würde, wenn sie ein Baum würde, würde sie Samen abwerfen, unzählige Samen würde sie hervorbringen. Die würde sie dem Wind anvertrauen, ein Garten voller Mahdokhts. Sämtliche Sauer- und Süßkirschbäume würde man verpflanzen müssen, damit Mahdokht wachsen könnte. Mahdokht würde wachsen.

Sie würde Tausende und Abertausende Äste und Zweige haben. Sie würde Beziehungen knüpfen in alle Welt, und bald stünde die ganze Erde voller Mahdokht-Bäume. Die Amerikaner würden ihre Schößlinge kaufen und sie nach Kalifornien oder in kältere Regionen mitnehmen. Ein Mahdokht-Wald. Sie würden ihn bestimmt Mahdkat-Wald nennen. Mit der Zeit würden sie ihren Namen so oft sagen, daß er mancherorts zu Medok oder zu Maddock würde. Und vierhundert Jahre später würden die Sprachforscher, mit vor Eifer geschwollenen Hälsen, über sie debattieren und nachweisen, daß sowohl Medok als auch Maddock sich aus der gemeinsamen Wurzel Madeek herleiteten, die afrikanischen Ursprungs sei. Woraufhin Biologen argumentieren würden, ein Baum, der in kalten Breiten wachse, könne in Afrika nicht gedeihen.

Mahdokht schlug ihren Kopf gegen die Wand, gegen die Wand, wieder und wieder, so lange, bis sie in Tränen ausbrach. Und während sie schluchzte und weinte, kam ihr in den Sinn, daß sie dieses Jahr unbedingt eine Afrikareise machen müßte. Sie würde nach Afrika fahren, um dort zu wachsen. Sie wollte in einem warmen Land wachsen. Das war ihr Herzenswunsch, und immer ist es ja das Herz, das einen in den Wahnsinn treibt.

Faezeh

Um sechzehn Uhr, am 25. August 1953, traf Faezeh nach Tagen des Zögerns und Zauderns eine Entscheidung. Schweigen hatte keinen Sinn mehr. Alles wäre vergebens, wenn sie noch länger warten würde. Sie mußte jetzt um ihr Recht kämpfen. Dennoch brauchte sie, obwohl sie schier überschäumte vor Tatkraft, eine ganze Stunde, um sich anzukleiden. Langsam streifte sie die Strümpfe über, legte ihr Hauskleid ab, zog Rock und Bluse aus leichter Baumwolle an. Dabei dachte sie ein ums andere Mal, daß Amir Khan wohl auch dort sein würde. Bei dieser Vorstellung wurde ihr ganz heiß, von Kopf bis Fuß.

Wenn Amir Khan dort wäre, würde sie ganz gewiß nicht unbefangen reden können. Amir Khans Anwesenheit würde ihr die Sprache verschlagen. Wieder würde sie alles für sich behalten müssen, das Zaudern und Zögern ginge von vorne los. Bisher war jedesmal, wenn sie darüber hatte sprechen wollen, irgend etwas dazwischengekommen, und sie war wieder ins Grübeln geraten, von Zweifeln geplagt, hin und her gerissen zwischen sagen und nichts sagen. Ich werde alt, sagte sie zu sich selbst, während sie sich vor dem Spiegel das Gesicht puderte. Achtundzwanzig Jahre und zwei Monate ihres Lebens waren nun schon ins Land gegangen. Natürlich war sie nicht alt, nur erschöpft.

Sie zog Schuhe an, nahm ihre Handtasche und ging nach unten. Naneh Dschan, die Großmutter, saß auf der Bank im Hof und starrte aufs Wasserbecken. Faezehs klappernde Absätze rissen sie aus ihren Gedanken.

»Gehst du aus?«

»Ja.«

»Keine vernünftige Idee, Kind. Bei allem, was da draußen los ist.«

Im Nachbarhaus lief das Radio, man hörte es auch hier im Hof. Faezeh zögerte. Naneh Dschan hatte recht.

»Zieh wenigstens deinen Tschador über«, sagte sie.

Faezeh ging wortlos zurück nach oben, kramte aus dem Kleiderschrank den schwarzen Tschador hervor, den sie sonst nur zu Beerdigungen trug, trat vor den Spiegel und hüllte sich in den dunklen Stoff. Die weiten Falten des Seidenjersey machten sie zu einer unförmigen Tonne, die von allen Seiten gleich aussah. Wenn Amir Khan dort wäre, würde er sich ganz bestimmt über sie lustig machen. Faezeh mochte seine Neckereien zwar, verstand in diesem Punkt aber keinen Spaß.

Würde er sie scherzhaft fragen, warum sie nicht endlich heiratete, so könnte sie das ertragen, Witzeleien über ihren schwarzen Tschador aber wären ihr unangenehm. Vielleicht würde Faezeh sogar in Tränen ausbrechen, und vor Amirs Augen weinen wäre völlig unangebracht. Sei's drum, es führt kein Weg dran vorbei, dachte sie und ging wieder nach unten, diesmal mit Tschador. Naneh Dschan sprach kein Wort. Seit langem schon sagte sie niemandem mehr, was er zu tun oder zu lassen habe.

Faezeh trat auf die Straße, eine Nebenstraße. In einiger Entfernung war Lärm zu hören. Sie fand sofort ein Taxi, stieg ein, sagte: »Sezavar.«

Der Fahrer sah sie im Rückspiegel an, fuhr los, fragte: »Haben Sie keine Angst? Bei dem Tumult überall.«

»Mir bleibt nichts anderes übrig.«

Der Fahrer erklärte: »Ich muß einen kleinen Umweg fahren, auf der Hauptstraße komm ich nicht weiter. Zu gefährlich.«

»Kein Problem.«

Der Fahrer fuhr durch Nebenstraßen. An einer Kreuzung gerieten sie in einen kleinen Stau. Jemand stand mitten auf der Straße und stoppte den Verkehr. Mehrere Autos hielten bereits. Plötzlich sprang der Mann auf den Gehweg und lief davon. Ein anderer war ihm dicht auf den Fersen. Der Mann bog in eine Seitenstraße ein und verschwand. Der Stau löste sich rasch auf. Plötzlich sprang ein anderer Mann auf den Kofferraum des Taxis.

Er schlug mit einem Messer gegen die Heckscheibe. Faezeh sah nicht hin. Sie legte den Kopf auf die Knie und bereute jetzt, überhaupt aus dem Haus gegangen zu sein. Der Fahrer machte eine Vollbremsung, Faezehs Kopf stieß mit voller Wucht gegen den Vordersitz. Der Fahrer gab Gas, Faezeh wurde zurück in ihren Sitz geschleudert. Der Fremde stürzte auf den Asphalt. Der Fahrer sagte: »Ich hatte Sie ja gewarnt. Ich mach Schluß für heute.«

Faezeh schwieg. Der Fahrer schimpfte: »Meine verdammte Neugier mal wieder! Das hab ich nun davon. Meine bessere Hälfte hat mich ein dutzendmal beschworen: Bleib zu Hause.«

Faezeh saß wortlos da. Es war ihr unangenehm, daß der Fahrer sie im Rückspiegel ständig musterte. Sie wollte so schnell wie möglich raus aus dem Taxi.

Endlich waren sie am Ziel. Faezeh drückte dem Fahrer einen Zwei-Toman-Schein in die Hand und war von der Berührung so angewidert, daß sie nicht auf ihr Wechselgeld wartete. Hastig öffnete sie die Tür und sprang aus dem Wagen.

Das Haus stand direkt an der Straße. Auch hier waren die Unruhen spürbar, die Luft schien zum Zerreißen gespannt, und der Lärm aus der Ferne war nach wie vor zu hören. Faezeh klingelte. Nach zwei Minuten machte sich das Warten wie bitteres Gift auf der Zunge bemerkbar. Endlich öffnete ihr Alieh. Sie sah verschlafen aus. Faezeh begrüßte sie: »Ja, sag mal, du schläfst noch? Maschallah, du liebe Güte!«
Alieh begrüßte Faezeh und trat einen Schritt zur Seite, um sie einzulassen.
»Ist Munes Khanum zu Hause?« fragte Faezeh.
»Ja.«
»Wo ist sie?«
»Im Wohnzimmer vermutlich.«
Faezeh ging in Richtung Wohnzimmer. Beim ersten Schritt sagte sie sich, Munes ist da. Beim zweiten, sie ist nicht da. Und so fort, bis sie an der Wohnzimmertür angelangt war. Mit dem fünften Schritt. »Sie ist da«, sagte Faezeh und öffnete die Tür. Munes saß tatsächlich allein vor dem Radio und lauschte aufmerksam einer Sendung. Amir Khan war nicht da. Er ist sicher oben und schläft, dachte Faezeh. Sie sagte: »Salam.«
Munes strahlte, als sie Faezeh sah. »Welche Ehre, Khanum, wie geht's dir? Meine Güte, das ist ja eine Ewigkeit her. Aus den Augen, aus dem Sinn?« Mit diesen Worten hatte sie sich langsam erhoben. Sie drehte das Radio leiser.
»Die Freude ist ganz meinerseits, Khanum. Von dir hört und sieht man ja auch nichts mehr, wallah.«
Die beiden Frauen vollzogen das Begrüßungsritual, tauschten in gedämpftem Ton Höflichkeiten aus und ließen sich dann vor dem Radio nieder.
»Bist du allein?« fragte Faezeh.

»Ja, mein Herz, das bin ich. Mama und die anderen sind alle in Maschad.«
»Ach ja? Wieso hast du mir nichts gesagt?«
»Sie sind erst vor zwei Tagen weg.«
»Ey Baba, was du nicht sagst. Und was macht Amir Khan?«
»Der ist bei der Arbeit.«
»Ey Baba, was du nicht sagst, wer geht denn jetzt zur Arbeit, in dem Chaos?«
»Wenn er aus dem Haus geht, sagt er jedenfalls, ich geh zur Arbeit. Mehr weiß ich auch nicht.«
»Ey Baba, erstaunlich, erstaunlich.«
»Erstaunlich ist, wie gut du aussiehst!«
»Ich bitte dich, du übertreibst!«
»Ich übertreibe noch weiter: Darf ich dir ein Glas Tee bringen?«
»Gerne, wenn's keine Umstände macht.«
Munes ging aus dem Zimmer, um Tee zu holen, und Faezeh schaltete das Radio aus. Es hätte ihr Gespräch unterbinden, sie ablenken können. Faezeh hatte lange genug hin und her überlegt, die Sache duldete keinen Aufschub mehr. Munes war wortlos ins Wohnzimmer zurückgekehrt und hatte sich Faezeh gegenüber niedergelassen.
Faezeh hatte einst irgendwo gelesen, daß Menschen, die mit runden Gesichtern zur Welt kommen, dumm seien. Sie hatte sofort in den Spiegel geschaut, wohl wissend, daß sie kein rundes Gesicht hatte. Oft genug hatte sie sich anhören müssen, sie stamme von den Pferdegesichtigen ab. Naneh Dschan hatte ihr das häufig gesagt, mit diesem bissigen Unterton, der einem noch jahrelang nachging. Sie war jedenfalls zum Spiegel gelaufen, um sich zu betrachten und sich zu vergewissern, daß sie

nicht zu den geistig Beschränkten zählen konnte. Seitdem hatte sie es sich zur Gewohnheit gemacht, Gesichter einzuordnen. Amirs Gesicht war viereckig, mit kantigem Kinn. Munes aber war mit einem runden Gesicht geboren. Kugelrund. Ein Mondgesicht, das einem Hühnerei ein wenig nachzueifern schien. So hatte Faezeh Munes geschlagene zehn Jahre lang für dumm gehalten, dabei war Munes ein ganzes Jahrzehnt älter als sie. Ihre Freundschaft zu Munes hatte sie trotz dieser Tatsache aufrechterhalten, was angesichts von Munes' reizendem Wesen durchaus möglich war, das Thema Amir war erst nach ein, zwei Jahren akut geworden. Wenn Faezeh Munes besuchte, so tat sie das sowohl ihretwegen als auch Amir Khan zuliebe. Oft genug hatte Faezeh schon gedacht, daß Munes mit einem ovaleren Gesicht das vielleicht längst begriffen und die Hochzeit zwischen Faezeh und ihm längst arrangiert hätte. Oft genug hatte Faezeh sich gesagt: Das arme Ding, warum ist ihr Gesicht nur so rund?

Alieh hatte Tee gebracht. Während sie ihn tranken, schaute Munes hin und wieder verstohlen zum Radio. Obwohl sie die Ältere war und sich in ihrem eigenen Haus befand, fehlte ihr der Mut, es wieder einzuschalten. Sie fragte: »Ist viel los draußen?«

»Pah! Der helle Aufruhr.«

»Amir Khan meinte, ich solle auf keinen Fall vor die Tür gehen. Sie schneiden einem den Kopf ab, hat er gesagt.«

»Ja, da hat er recht. Mir ist jemand hinten aufs Taxi gesprungen.«

Und um nicht vom eigentlichen Thema abzukommen, fragte Munes: »Hast du Parvin in letzter Zeit gesehen?«

»Nein, seit ungefähr einem Monat nicht mehr.«

»Und warum nicht?«
»Das letzte Mal war ihr Sohn krank. Er hätte die Masern, sagte sie, und daß es besser sei, wenn niemand zu Besuch käme, um nicht alle Welt anzustecken.«
»Nur gut, daß du nicht bei ihr warst«, sagte Munes, hielt den Kopf gesenkt und sah Faezeh dann und wann aus den Augenwinkeln an. Faezeh wartete auf ein Wort von ihr, an das sie den nächsten Satz anknüpfen könnte, doch die alte Jungfer saß nur stumm da und starrte Löcher in den Teppich. Also mußte Faezeh selbst das Gespräch fortführen.
»In meinem ganzen Leben hab ich noch keine so unverschämte Person gesehen, das schwör ich dir.«
Nun sah Munes Faezeh direkt ins Gesicht und fragte mit großen, erstaunten Augen: »Wie das denn?«
Wie das denn. In aller Unschuld gesagt, doch Faezeh dachte, o Gott, wäre ihr Gesicht doch bloß nicht so rund. Sie sagte: »Gemein ist sie, ein Stück Dreck. Wie entsetzlich, erst nach zehn, fünfzehn Jahren Freundschaft dahinterzukommen. Immer unverschämter ist sie geworden. Inzwischen hat sie nicht einen Funken Ehrgefühl mehr im Leib. Sie ist sich für nichts mehr zu schade.«
Munes, zunächst erstaunt, war jetzt zutiefst erschrocken. »Was will sie denn machen?« fragte sie. »Will sie sich etwa scheiden lassen?«
»Wah-wah, o Gott o Gott, die arme Seele, das fehlte noch, daß sie sich scheiden läßt. Das Dreckstück. Schade um meinen Bruder.«
Munes verzog entrüstet den Mund. Doch ihre Neugier war geweckt. Sie gab sich, wenn auch vergebens, alle Mühe, Gründe für Parvins Schamlosigkeit zu finden. Parvin war ihr meist

dann begegnet, wenn sie bei Faezeh zu Besuch war, zum Essen, bei Trauerfeiern oder bei Versammlungen zur Fastenzeit. So war zwischen ihnen beiden eine lockere Freundschaft entstanden, an der Munes bisher nichts auszusetzen gefunden hatte.

Sie schaute Faezeh erwartungsvoll an. Die würde ihr den Grund für Parvins Unverschämtheit sicher nennen. Doch als Faezeh Munes ansah, kamen ihr plötzlich die Tränen. Ihre Augen wurden rot und röter. Die Tränen ließen sich nicht unterdrücken. Sie flossen und funkelten und spiegelten sich in Munes' Augen und brachten auch sie zum Weinen. So war es immer. Immer wenn jemand weinte, weinte Munes mit. Warum, war ihr unerklärlich.

Sie öffnete die Lippen, die sie zusammengepreßt hatte, um die Tränen zurückzuhalten, und sagte: »Wein doch nicht, um Himmels willen, hör doch auf zu weinen. Was hast du denn?«

Faezeh suchte vergeblich nach einem Taschentuch, trocknete sich die Tränen schließlich mit einem Zipfel ihres Tschadors und sagte:

»Weißt du überhaupt, wie nett und freundlich ich zu ihr war? Glaubst du etwa, sie hätte so glücklich sein können, wenn ich nicht gewesen wäre! Letztes Jahr erst hat sie sich von meinem Bruder getrennt. Es war ihre Schuld. Das dumme Stück hat seine sieben Sachen gepackt und ist zu seiner Mama zurückgegangen. Eine Frau, die auch nur einen Funken Anstand im Leibe hat, würde sich nie so aufführen. Und rate mal, wer alles wieder ins Lot gebracht hat zwischen den Zweien? Ich. Dumm wie ich war, hab ich ein Essen gekocht, von dem die ganze Stadt noch heute schwärmt. Beim Metzger Mir Khavand war ich damals, hab ihm zwei Toman in die Hand gedrückt, damit er mir die besten Stücke raussucht. Auberginen hab ich gemacht. Safranreis mit Lamm hab ich gemacht. Und Hühnchenspieße, ein Gedicht, sag ich dir! Mit einer Feder hab ich das Fleisch eingepinselt, hab's mariniert, mit Zitronensaft, Minze, Gewürzen. Geschlagene anderthalb Stunden hab ich im Hof gestanden und gegrillt. Spinatjoghurt hab ich gemacht. Tomaten waren in der Nähe nirgends zu kriegen! Bis zum Marktplatz bin ich gegangen, um welche aufzutreiben. Den Burschen des Offiziers aus der Nachbarschaft hab ich Wodka kaufen geschickt, damit ihr Vater was zu trinken hat.«

Verbittert, zutiefst verbittert preßte Faezeh die Lippen zusammen.

»Und wie ging's weiter?« fragte Munes.

»Was glaubst du wohl, Khanum? Eine zweite Hochzeit hab ich arrangiert. Hab sie meinem Bruder wieder in die Arme getrieben. Und zwei Monate später wollte die dumme Pute es mir heimzahlen. Kleinkriegen wollte sie mich, allen Ernstes. Eines Abends hat sie zum Essen eingeladen. Europäische Küche, das Miststück. Haut ein paar Fetzen Leder in die Pfanne und sagt, das ist Beefsteak. Hm. Will sie uns für dumm verkaufen? Meint sie etwa, wir leiden an Geschmacksverwirrung? Von dem Moment an wußte ich: sie hat mir den Krieg erklärt. Und ich dachte, Krieg kannst du kriegen, du wirst deine helle Freude dran haben.«

Munes stellte fest: »Mir hat sie nie gesagt, daß sie Krieg will.«

»Was hätte sie denn sagen sollen? Was? Daß sie mich übertrumpfen will? Solange ich denken kann, hat bisher jeder, der mein Essen gegessen hat, gesagt, Faezeh kocht lecker. Und jetzt fordert dieses Geschenk des Himmels mich heraus? Eine Hundstochter ist sie, und das wird sie auch ewig bleiben. Seine Herkunft kann man nicht verbergen. Ein Wolf bleibt ein Wolf, auch wenn er bei Menschen aufgewachsen ist.«

»Das ist wohl wahr.«

»Also hab ich mir ein Kochbuch gekauft. Wer sich auf Lamm mit Safranreis versteht, der bringt auch Gummisteak zustande. Jedes einzelne Gericht hab ich nachgekocht.«

»Warum auch nicht«, sagte Munes. »Ist ja auch kinderleicht. Im Radio erklären sie einem jeden Tag, wie's geht. Und die Zubereitung macht viel weniger Umstände.«

»Eben. Genau das wollte ich beweisen. Also hab ich bald darauf wieder zu Tisch gebeten.«

»Wann denn?«

»Genau vor einem Monat. Alle hab ich sie eingeladen, zu europäischer Küche, hab ich gleich dazugesagt. Ich bin wieder zu Mir Khavand, hab ihm diesmal fünf Toman in die Hand gedrückt und acht Stück Filet Mignon gekauft, für jeden eines. Erbsen hab ich gekauft, grüne Bohnen, Tomaten und Kartoffeln. Reis mit dicken Bohnen hab ich zusätzlich gemacht und Salat. Spinatjoghurt durfte auch nicht fehlen. Khanum, für die Steaks hab ich ein Sößchen gezaubert, alle zehn Finger würdest du dir danach lecken. Auf dem Markt hab ich die dicksten Pfirsiche und Nektarinen, die prallsten Kirschen gekauft, süße und saure. Den Laufburschen vom Offizier nebenan hab ich wieder Wodka kaufen geschickt, hab den Wodka in einen Krug gefüllt und den Krug auf Eis gestellt, in Naneh Dschans Kristallschale.«

Munes sah Faezeh fragend an. »Wozu das denn?«

Faezeh lächelte vielsagend. »Damit er schön kühl bleibt.«

»Adschab! Was du nicht sagst.«

»Ja, schade daß du nicht dabei warst. Das hättest du sehen sollen.«

»Und warum hast du mich nicht eingeladen?«
»Ach, Amir Khan war damals in Schiraz. Ich dachte, du würdest abends vielleicht nicht gerne allein nach Hause fahren.«
»Ach so.«
»Was soll ich dir sagen, Khanum, alle haben sie gegessen, alle waren sie hingerissen. Vor lauter Begeisterung hätten sie fast ihre Finger noch mitgegessen. Das Weibsstück ist fast geplatzt vor Neid. Wie ein liegengebliebenes Stück rote Bete sah sie aus.«
»Parvin?«
»Na klar, wer sonst? Weißt du, was sie gemacht hat?«
»Nein.«
»Sie hat ums Verplatzen nicht lockergelassen. ›Fuzi-Dschun‹ hat sie mich genannt. Sagt doch dieses armselige Ding tatsächlich ›Süße‹ zu mir. Als bekäme sie die Zähne nicht auseinander, um Faezeh zu sagen. Fuzi-Dschun, laß dir eins gesagt sein, Süße: auf Filet Mignon gehört keine Sauce. Laut und deutlich hat sie's rausposaunt, damit auch die Nachbarn es noch mitkriegen.«
»Adschab. Na so was.«
»Du kannst dir gar nicht vorstellen, wie mir zumute war. Wer sagt denn, daß auf Filet Mignon keine Soße gehört, hab ich sie gefragt. Sie meinte, sie hätt's im Radio gehört. Und ich hab gelesen, daß es geht, hab ich zu ihr gesagt. Und sie meinte, sie hätte eben gelesen, daß es nicht geht. Muß ja ein miserables Buch gewesen sein, hab ich zu ihr gesagt. Zu schade, daß sich mein Bruder eingemischt hat. Soße hin oder her, es schmeckt jedenfalls sehr, hat er gesagt und mich verteidigt. Dem Miststück hat er jedenfalls das Maul gestopft. Für den Rest des Abends hat sie geschmollt, hat keinen Ton mehr von sich gegeben.«

Munes fand die Geschichte derart spannend, daß Faezeh sie ausschmücken mußte: »Da saß sie nun, hat geschmollt und geschmollt, bis die Männer endlich nach draußen gegangen sind, auf die Terrasse. Sie ist drin geblieben und hat getan, als wollte sie mir beim Abräumen helfen.«

Faezeh hielt inne, preßte die Lippen zusammen und verlor schließlich erneut die Beherrschung. Lautlose Tränen kullerten ihr über die Wangen.

»Um Gottes willen, bitte wein' doch nicht, meine Güte«, sagte Munes, der nun auch wieder die Tränen kamen.

Faezeh fuhr fort: »Und beim Abräumen dreht sich das Weibsstück um und sagt mir mitten ins Gesicht: ›Wer sich im Flur an junge Männer ranmacht, der sollte sich eher Gedanken um sein Jungfernhäutchen machen als ums Kochen‹.« Und nun flossen Faezehs Tränen in Strömen und fielen auf ihr Kleid.

Munes weinte mit ihr, machte zugleich aber große Augen und fragte verwundert: »Welche jungen Männer denn?«

»Sie meint ihren Hundesohn von Bruder. Diesen Abschaum. Dieses Stück Scheiße, das sich einfach nicht die Toilette runterspülen läßt, dieser Widerling. Er und ich, also ... Ich dachte, ich hör nicht recht! Erst wollte ich ihr eine scheuern, daß ihr das Trommelfell platzt und sie sich ihr Leben lang dran erinnern würde. Zu dumm, daß mein Bruder auch da war. Dann dachte ich, dir werd ich's zeigen, du Quälgeist, und hab's ihr gegeben: Erstens vergnügt sich im Flur wohl eher der Todesengel mit deinem Bruder. So wie der aussieht, kann allein der Todesengel was mit ihm anfangen. Und zweitens ist die Jungfräulichkeit kein Häutchen, sondern ein Loch. Du hast drei Kinder zur Welt gebracht und weißt immer noch nicht, daß sie ein Loch ist und kein Häutchen. Und dann zerreißt

du dir über andere Leute das Maul und setzt Gerüchte in die Welt …«
Munes hatte aufgehört zu weinen. Sie starrte Faezeh nur an. Faezeh sagte: »Wenn sie ihr loses Mundwerk noch einmal aufreißt, hab ich ihr gesagt, dann reiß ich sie in hundert Stücke. Zum Glück hatte das Biest wenigstens Angst vor meinem Bruder. Sie war mucksmäuschenstill.«
Munes starrte schweigend auf das Blumenmuster im Teppich. Während Faezeh sich die Tränen trocknete, behielt sie Munes im Auge und sagte: »Eine Schlange ist sie, das weiß ich. Sie gibt erst Ruhe, wenn sie ihr ganzes Gift verspritzt hat. Jetzt geht sie in die nächste Runde und macht mich überall schlecht. Na und? Wer ein sauberes Konto hat, braucht den Buchprüfer nicht zu fürchten. Sie hat mich dermaßen wütend gemacht, daß ich drauf und dran war, mir von Frau Mahdschabin meine Jungfräulichkeit bescheinigen zu lassen und mir den Schein eingerahmt an die Wand zu hängen, damit ihr die Augen übergehen vor Neid.«
Munes starrte nach wie vor zu Boden. Dann sagte sie: »Jungfräulichkeit ist ein Häutchen, sagt meine Mutter. Wenn ein Mädchen irgendwo runterspringt, nimmt das Häutchen Schaden. Es kann zerreißen.«
»Was redest du da, Khanum? Sie ist ein Loch. Das ist anfangs zwar eng, aber mit der Zeit wird's weiter.«
»Wah!«
Munes wurde bleich. Faezeh sah ihr ins Gesicht und fragte: »Stimmt irgendwas nicht? Geht's dir nicht gut?«
»Doch, doch. Aber es ist ein Häutchen, auf jeden Fall.«
»Nein, Khanum. Ich hab's doch irgendwo gelesen. Und ich lese viel. Sie ist ein Loch.«

Alieh brachte Obst, sie trat fast gleichzeitig mit Amir ins Zimmer.
Faezeh begrüßte ihn höflich. Der untersetzte Mann erkundigte sich nach ihrem Befinden, ließ sich in einem Sessel am anderen Ende des Zimmers nieder und sagte: »Da draußen ist wirklich die Hölle los. Geht bloß nicht aus dem Haus.«
Als er die roten Augen der Mädchen bemerkte, fragte er: »War irgendwas?«
»Nein«, sagte Munes.
Amir Khan wurde plötzlich ernst. Er runzelte die Stirn. »Ob irgendwas vorgefallen ist, hab ich gefragt.«
»Wir haben was besprochen«, sagte Faezeh.
»Und was gibt's da zu weinen?«
»Wir sind eben Frauen.«
Woraufhin Amir Khan kaum merklich lächelte.
Faezeh sagte: »Ich muß jetzt gehen.«
»Wohin denn, Khanum? Da draußen geht's drunter und drüber. Kein Hund kennt seinen Herrn mehr«, sagte Amir.
»Ich muß gehen. Sonst wird's zu spät.«
Amir wollte ihr vorschlagen, über Nacht zu bleiben. Doch das wäre undenkbar gewesen. Ihre Familie würde sich Sorgen machen. Statt dessen sagte er: »Ich fahr dich nach Hause. Schön, daß du vorbeigeschaut hast. Aber an einem Tag wie heute sollte eine Frau einfach nicht aus dem Haus gehen.«
»So schlimm ist es nun auch wieder nicht, Amir Khan.«
Amirs Miene wurde wieder finster: »Überhaupt hat eine Frau draußen nichts zu suchen. Die Frau gehört ins Haus. Und draußen kümmert sich der Mann um alles.«
Darauf antwortete Faezeh nicht. Mit Amir Khan zu diskutieren würde zu nichts führen. Sie mußte darauf vertrauen, daß

die Frucht mit der Zeit von alleine reif würde. Die Sorgen in Sachen Parvin aber war sie jedenfalls los. Die Frau konnte ihr nicht mehr in die Suppe spucken. Faezeh war ihr zum Glück zuvorgekommen.
Amir war aufgestanden, um sie vor Einbruch der Dunkelheit heimzufahren. Sie freute sich auf die Fahrt allein mit ihm und sagte: »Wenn wir die Nebenstraßen nehmen, ist es ungefährlich. Das meinte auch der Taxifahrer.«

Munes

Erster Teil: Tod

Am 27. August 1953 stand Munes um sechzehn Uhr zu Hause auf dem Dach und sah auf die Straße hinab. Seit genau sechsundfünfzig Stunden hatte sie kein Auge zugetan, nicht eine Sekunde lang. Amir Khan hatte ihr eingeschärft, auf keinen Fall aus dem Haus zu gehen.

Deshalb schaute sie von hier oben hinunter auf die Straße. Alles schien in hellem Aufruhr. Mal hasteten Menschen von rechts nach links, mal von links nach rechts. Auf der Flucht schien jedes vorübereilende Grüppchen das vorangegangene vor sich her zu treiben. Auch Lkw waren schon vorbeigefahren, mit Menschen beladen. Und Panzer, und in der Ferne war Gewehrfeuer zu hören. Die Vorstellung, daß sie ganze achtundzwanzig Jahre lang durchs Fenster hinaus in den Garten geschaut hatte in der Annahme, die Jungfräulichkeit sei ein Häutchen, beschäftigte Munes sehr. Als sie acht Jahre alt war, hatte man ihr eingetrichtert, Gott verzeiht einem Mädchen ohne Jungfernhäutchen nie. Und nun wußte sie seit zwei Tagen und drei Nächten, daß es hier nicht um ein Häutchen ging, sondern um ein Loch. Etwas in ihr war zerbrochen, hatte blanker, kalter Wut Platz gemacht. Sie dachte zurück an ihre Kindheit, erinnerte sich an all die Tage, an denen sie damals sehnsüchtig die Bäume angeschaut und sich nichts mehr gewünscht hatte, als wenigstens einmal auf einen dieser Bäume zu klettern. Aus Angst um ihre Jungfräulichkeit aber hatte sie sich diesen Wunsch zeit ihres Lebens versagt. Jetzt war ihr eiskalt, bis zu den Knien, ohne daß sie gewußt hätte, warum. »Ich räche mich«, sagte sie. Ein Mann kam aus einer Seitenstraße. Er hielt sich mit einer Hand den Bauch und torkelte. Nach ein paar Schritten fiel er kopfüber in den Straßengraben. Weil die Sicht auf den Graben verdeckt war, sah Munes den Kopf des Mannes nicht mehr. Doch daß seine Beine aus dem Graben ragten, konnte sie erkennen. Sie schloß die Augen und beugte sich vornüber. Fünf Sekunden später lag sie auf dem Straßenpflaster, ihre Augen standen offen und schauten hinauf ins Blau.

Munes

Zweiter Teil: Tod und Wiedergeburt

Anfangs war Munes tot. Vielleicht aber bildete sie sich ihren Tod auch nur ein. Sie lag eine Weile dort auf dem Asphalt, mit offenen Augen. Der blaue Himmel verfärbte sich, wurde langsam schwarz, und Munes begann zu weinen. Sie hob die rechte Hand und preßte sie auf ihre Augen. Sie rappelte sich hoch, fühlte sich niedergeschlagen, völlig entkräftet.

Auf der anderen Straßenseite lag ein Mann im Graben, seine Beine ragten in die Luft. Munes ging zu ihm. Auch er hatte den Blick gen Himmel gerichtet.

»Geht es Ihnen gut?« fragte Munes.

»Ich bin tot«, sagte der Mann.

»Kann ich Ihnen helfen?« fragte Munes.

»Sie bringen sich am besten in Sicherheit. Sonst geraten Sie noch in Schwierigkeiten.«

»Warum?« fragte Munes.

»Hören Sie denn den Lärm nicht«, fragte der Mann, »überall rechnen die Leute jetzt ab miteinander.«

»Und was tun Sie hier?« fragte Munes.

»Verehrteste, ich hab Ihnen doch gesagt, ich bin tot.«

»Wenn ich mich Ihrer annehme und Sie pflege, kommen Sie vielleicht wieder auf die Beine.«

»Nein, das glaube ich kaum. Dazu ist es zu spät. Ein Franzose hat ein Drehbuch geschrieben, das trägt den Titel: *Das Spiel ist aus*. Genau in dieser Situation bin ich jetzt, und es ist zu spät.«

Munes war unendlich traurig. »Aber vielleicht …«, sagte sie. Der Mann wurde ungehalten. »Gehen Sie«, hab ich gesagt. »Was ist uns da nur zugestoßen!«
Also ging Munes und streifte einen ganzen Monat lang durch die Straßen der Stadt. In den ersten Tagen waren viele Menschen unterwegs, schlugen einander die Köpfe ein. Mit der Zeit wurde es ruhiger, die Straßen leerten sich, die Leute kehrten in ihre Häuser zurück, um in sich zu gehen und zu trauern. Manche kamen ins Gefängnis. Andere waren vergnügt, trafen sich, um Schnaps und Wein zu trinken und sich zu amüsieren. Für eine junge Frau wie sie war natürlich kein Platz bei solchen Zusammenkünften, doch sie schaute durch die Fenster und hörte die Leute lachen. Nachts ging niemand auf die Straße, um nicht von Streifenposten kontrolliert zu werden. Schrittweise dehnte Munes ihre Gänge bis zu den Buchläden gegenüber der Universität aus. Mehrfach blieb sie scheu davor stehen, betrachtete die Einbände, ohne jedoch die Titel zu lesen. Als ihre Angst nachließ, las sie bald auch die Buchtitel. Eines Tages fiel ihr, nicht in einem Buchladen, sondern an einem Bücherstand auf der Straße, ein Titel ins Auge: *Das Geheimnis sexueller Befriedigung oder Entdecken wir unseren Körper.*
Zwölf Tage lang lenkte Munes ihre Schritte zu diesem Bücherstand und warf im Vorbeigehen verstohlene Blicke auf diesen Titel. Am dreizehnten Tag brachte sie endlich den Mut auf, sich dem Stand zu nähern.
»Wieviel kostet das?«
»Fünf Toman.«
Munes kaufte das Buch, zog sich in eine ruhige Straße zurück, ließ sich im Schatten eines Baumes nieder und fing an zu lesen. Sie las das Buch von A bis Z, fing wieder von vorne an, las es

dreimal, drei Tage lang. Am dritten Tag schaute sie von ihrem Buch auf. Sie sah die Bäume, die Sonne, die Straßen mit anderen Augen. Sie war erwachsener, klüger geworden.
Sie warf das Buch in den Straßengraben und machte sich auf den Heimweg.
Gegen Abend kam sie zu Hause an. Alieh öffnete die Tür, schrie entsetzt auf und fiel in Ohnmacht. Munes half ihr auf die Beine und fragte: »Alieh Dschan, was ist mit dir?«
Alieh kam langsam zu sich und stammelte: »Khanum Dschan, wir, wir waren krank vor Sorge um Sie. Ihre Eltern und Ihr Bruder sind seit einem Monat pausenlos auf der Suche nach Ihnen, in der Stadt und auf dem Land, und weinen sich jede Nacht die Augen aus. Khanum, so sagen Sie doch, wo waren Sie, was haben Sie gemacht?«
Munes schwieg. Sie nickte nur, lächelte vielsagend, sagte schließlich: »Alieh Dschan, ich bin nicht mehr die Munes von einst. Ich weiß jetzt viel.«
Sprach's und ging gefaßt und festen Schritts ins Wohnzimmer, setzte sich seelenruhig in eine Ecke und versank in Gedanken.
Eine Viertelstunde später kam auch Amir Khan nach Hause. Er war gereizt. Munes saß im Zimmer, der Tür gegenüber, Amir Khan stand an der Schwelle, kreidebleich.
»Wo warst du, unverschämtes Ding?« fragte er.
Munes lächelte freundlich. Sie sah keinen Grund zur Aufregung. Sie war weder verärgert noch erstaunt.
Amir Khan tobte: »Du hast die ganze Familie in Verruf gebracht. Jetzt weiß alle Welt, daß du weg warst!«
»Ich war nur kurz spazieren, wenn du gestattest.«
»Ich hatte dir doch ausdrücklich verboten, bei den Unruhen auf die Straße zu gehen, du schamloses Weibsstück.«

In seinem Zorn zog er seinen Gürtel ab und drosch damit auf Munes ein. Die wußte nicht, wie ihr geschah, ertrug verblüfft ein paar Schläge und fragte schließlich: »Amir Khan, warum schlägst du mich? Was bedrückt dich denn?«
Als er das hörte, platzte Amir Khan der Kragen. Er sah rot, griff blindlings nach dem Obstmesser auf dem Eßtisch und stieß es Munes mitten ins Herz.
Munes seufzte kurz, Ah!, und schied zum zweiten Mal aus dem Leben.

Munes

Dritter Teil: Wiedergeburt

Alieh, die das Geschrei im Wohnzimmer hörte, ging nachschauen. Als sie Munes' blutüberströmte Leiche und das blutige Messer in Amirs rechter Hand sah, schrie sie schrill auf und verlor die Besinnung. Auch Amir Khan war zunächst erschrocken, doch bald kroch Panik in ihm hoch. Er starrte entgeistert auf das Messer in seiner Hand und legte es auf den Tisch. Dann besann er sich, nahm die Klinge in die Hand, zog ein Taschentuch aus der Hosentasche und wischte seine Fingerabdrücke vom Griff. Erst dann legte er das Messer zurück auf den Tisch.

In diesem Augenblick klingelte es. Amir Khan ging an die Haustür, öffnete. Es waren seine Eltern.

»Drei Polizeistationen haben wir abgeklappert, noch immer keine Spur von ihr.«

Sie gingen ins Wohnzimmer. Dort sahen sie erst Alieh. Dann Munes. Dann schauten sie einander verwundert an, schrien beide laut auf und fielen in Ohnmacht. Nun stand Amir Khan allein da, vier reglose Körper neben sich.

Mein Gott, was mache ich jetzt, war seine Frage.

Er setzte sich auf eine Stuhlkante, betrachtete das Schlachtfeld, und als der Anblick unerträglich wurde, brach er in Tränen aus. Er weinte eine Weile. Dann wischte er sich mit seinem Taschentuch übers Gesicht und fuhr zurück, als er bemerkte, daß das Tuch blutig war. Nun war auch sein Gesicht blutverschmiert.

Am ganzen Leib zitternd, warf er das Taschentuch auf den Tisch und starrte benommen auf die reglosen Körper am Boden. Nicht einer machte Anstalten, wieder zu sich zu kommen. Er würde ganz allein mit der Sache fertigwerden müssen.

Es klingelte.

Amirs Herz hämmerte so laut wie die Glockenschläge einer Uhr. Er stand von seinem Stuhl auf und sagte: »Gott im Himmel, ich gebe mich in deine Hand.«

Die Familie hatte so viele Polizeistationen über Munes' Verschwinden informiert, daß täglich mindestens fünf Polizisten klingelten. Amir Khan ging zur Haustür, riß sie auf, bereit, den Tatsachen ins Auge zu sehen. Da stand Faezeh vor ihm. Sie nahm sein Gesicht zunächst nicht genau wahr, weil es im Dunkeln lag, und sagte: »Salam!«

Kaum eingetreten, erkannte sie ihn aber, rief erschüttert: »Heiliger Abbas!« und stützte sich an der Flurwand ab.

»Um Himmels willen, fall du jetzt nicht auch noch in Ohnmacht!« flehte Amir Khan.

Entsetzt starrte Faezeh ihn an und stammelte: »Ich wollte mich nach Munes erkundigen.«

Mit dem Zeigefinger der rechten Hand deutete Amir Khan auf die Wohnzimmertür. Die junge Frau ging und öffnete sie. Amir blieb im Flur stehen. Leichenblaß kam Faezeh zurück in den Flur.

»Hast du sie alle vier umgebracht?«

»Nur Munes.«

»Und was jetzt?«

»Wenn ich das wüßte«, sagte er, sank an der Wand in sich zusammen, bis er so winzig war wie ein unscheinbarer Käfer, und weinte hemmungslos.

In diesem Augenblick spürte Faezeh, daß die Hand des Schicksals ihr, endlich, den richtigen Weg wies. Sie nahm ihren Tschador ab, knüllte ihn zusammen, warf ihn in eine Ecke, hockte sich vor Amir Khan und sagte:

»Mann! Schäm dich. Warum weinst du überhaupt? Du bist schließlich ein Bruder. Du bist leidenschaftlich, eifrig, ehrgeizig. Umgebracht hast du sie? Recht hast du getan, oder etwa nicht? Ein Mädchen, das einen ganzen Monat lang verschwindet, ist ohnehin so gut wie tot. Völlig unmöglich so was, für ein Mädchen. Du hast dich ganz korrekt verhalten. Bravo, sag ich, ich an deiner Stelle hätte genauso gehandelt. Ein Hoch auf die reine Milch, mit der deine Mama dich großgezogen hat.«

Mit diesen Worten zupfte sie ihr Taschentuch aus ihrem Dekolleté und reichte es Amir Khan, damit er sich die Tränen trocknete. Er hatte sich beruhigt und schnäuzte sich in ihr Tuch. Er hatte auf Trost gehofft, und das Schicksal hatte ihm tatsächlich einen Engel gesandt. Zugleich aber dachte er, wie häßlich, eine Frau, die am Boden hockt und sich ein Taschentuch in den Ausschnitt steckt. Denn so, wie sie da hockte, konnte man ihre Unterwäsche sehen. Wenn sie seine Schwester wäre, so dachte Amir Khan, würde er auch sie umbringen und hätte ein für allemal seine Ruhe. Doch sie war nicht seine Schwester, und eigentlich ging es ihn ja auch nichts an. Zudem spendete sie ihm im entscheidenden, im schwersten Augenblick seines Lebens Trost. Amir Khan seufzte tief und fragte: »Was sollen wir jetzt machen, deiner Ansicht nach?«

»Das liegt doch auf der Hand, mein Lieber. Das Mädchen ist seit einem Monat verschwunden, oder etwa nicht?«

»Doch, ja.«

»Bestens. Wir vergraben sie einfach im Garten. Das merkt niemand. Heutzutage verschwinden so viele Leute, und der Amtsarzt hat alle Hände voll zu tun. Hier wird sich niemand nach ihr erkundigen.«

Diese Argumentation schien Amir Khan einzuleuchten. Er nickte. Und so gingen sie beide nach draußen ins Dunkel, hoben im Garten mit Hacke und Spaten ein etwa fünfundsiebzig Zentimeter tiefes Grab aus und kehrten ins Wohnzimmer zurück. Alieh und Amir Khans Eltern lagen noch immer ohnmächtig da. Amir Khan und Faezeh faßten Munes' Leichnam an Händen und Füßen, trugen ihn hinaus in den Garten und legten ihn in das Loch. Das schütteten sie zu, klopften die Erde mit dem Spaten fest und gingen wieder ins Haus, um das Blut aufzuwischen.

Die Spuren des Verbrechens waren kaum getilgt, da kamen Amirs Eltern und Alieh langsam zu sich. Durch den Schock der Ereignisse hatten sie die Erinnerung an die vergangenen zwei, drei Stunden verloren. Nur Alieh erinnerte sich vage daran, eine Leiche gesehen zu haben, doch als kleines Dienstmädchen brachte sie natürlich nicht den Mut auf, diese Tatsache zu erwähnen. Auch deshalb nicht, weil Munes, Gerüchten zufolge, eine Doppelgängerin hatte, die den Nachbarn bereits aufgefallen war, weil sie nachts über Dächer spazierte und neugierig die Moskitonetze öffnete, unter denen Leute schliefen, die sie dreist bestaunte. Also behielt Alieh ihre Vermutung für sich und schwieg.

Amirs Mutter strahlte hocherfreut, als sie Faezeh sah.

»Ey Khanum, wie geht's, wie steht's? Wir haben uns ja eine Ewigkeit nicht gesehen. Aus den Augen, aus dem Sinn?«

»Ich bitte Sie, Verehrteste. Ich möchte Ihnen keine Umstände machen.«

»Wer redet denn von Umständen, meine Liebe? Es ist mir ein Vergnügen.«
»Ich wollte nur kurz vorbeischauen, um mich nach der armen Munes zu erkundigen. Ist sie denn inzwischen wieder aufgetaucht?«
Amirs Mutter seufzte: »Ach, zu traurig, mein armes Töchterchen ist noch immer verschollen! Sie finden sie bestimmt bald, Inschallah.«
»Dann will ich nicht länger stören«, sagte Faezeh. »Geben Sie mir um Gottes willen sofort Bescheid, wenn sie wieder da ist.«
»Du meinst doch nicht etwa, daß wir dich jetzt ziehen lassen? Unter gar keinen Umständen. Du mußt zum Abendessen bleiben. Alieh, husch in die Küche.«
»Nein, Khanum. Wenn Sie gestatten, ich will nicht länger stören«, wehrte Faezeh ab.
»Abada, abada. Kommt gar nicht in Frage.«
Also blieb Faezeh zum Abendessen, und Alieh zog sich in die Küche zurück. Beim Kochen summte sie oft Liebeslieder vor sich hin, in denen sie beklagte, daß sie nicht schreiben könne, und zum Ausdruck brachte, wie gerne sie einen Stift zur Hand nehmen und dem Liebsten in der Ferne in einem Brief all das berichten würde, was sie sah und für sich behalten mußte.
Bald aß man gemeinsam zu Abend. Nach dem Essen bot Amir Khan Faezeh an, sie nach Hause zu fahren. Unterwegs war er schweigsam, sprachlos noch, vom Schock der Ereignisse. Faezeh war mutig genug, Amir Khans Hand zu ergreifen, sie zu streicheln und ihm Trost zu spenden. Sie faßte sich ein Herz und sagte:
»Nach allem, was jetzt vorgefallen ist, mußt du schleunigst heiraten, damit Munes in Vergessenheit gerät. Vor allem aber, weil

du jetzt eine Frau an deiner Seite brauchst, eine Partnerin, eine Vertraute, die dich nach allen Regeln der Kunst verwöhnt.«

Amir Khan pflichtete ihr bei. »Wie recht du hast.«

Tage später sagte er zu seiner Mutter: »Mutter!«

»Ja, mein Herzblatt«, antwortete sie.

Amir saß auf einer Stuhlkante, er schien leicht angespannt.

»Liebe Mutter, der Anstand und die guten Sitten verbieten es eigentlich, darauf zu sprechen zu kommen. Ich trage mich aber bereits seit längerem mit dem Gedanken und bin jetzt zu der Erkenntnis gelangt, daß ich eine Frau an meiner Seite brauche, eine Partnerin und Vertraute, die mich nach allen Regeln der Kunst verwöhnt. Deshalb hab ich beschlossen zu heiraten.«

»Bah-bah, wie wunderbar!« freute sich Amirs Mutter, »welche Nachricht wäre besser als diese? Zu schade nur, daß deine Schwester nach wie vor verschollen ist und bei dem freudigen Ereignis nicht dabeisein kann. Aber daran läßt sich ja nun wohl nichts ändern. Wann willst du denn heiraten, Inschallah, und wo soll die Hochzeit stattfinden?«

Amir hüstelte verlegen: »Wir müssen natürlich zuerst um die Hand der Braut anhalten.«

»Ist denn nicht Faezeh die Glückliche?«

»Nein, liebe Mama. Ich habe mich für die Tochter von Hadschi Mohammad Sorkh-Tschehreh entschieden. Sie ist achtzehn, wunderschön und sanft und still, zurückhaltend und bescheiden, liebevoll, freundlich, gewissenhaft und fleißig, anständig, keusch und brav, und sauber und ordentlich. Außer Haus trägt sie einen Tschador, hält den Blick stets gesenkt und wird ständig rot vor Verlegenheit. Tut mir den Gefallen und haltet für mich um ihre Hand an.«

»Amir, mein Herz. Du bist zwei Jahre älter als deine selige

Schwester, und vierzig süße Jahre deines Lebens sind bereits ins Land gegangen. In all diesen Jahren hast du nicht geheiratet, weil du deine Schwester behüten und beschützen wolltest. Und jetzt willst du ein achtzehnjähriges Mädchen zur Frau nehmen? Du weißt doch, daß es heißt, eine junge Frau heiratet man nur für den Nachbarn? Du weißt auch, daß du damit unter Umständen deinen Ruf aufs Spiel setzt?«

Amir Khan überlegte kurz, entgegnete dann: »Liebe Mutter, und du weißt, daß es gemeinhin heißt: ›Einer armen Jungfer von zwanzig soll man sich erbarmen.‹ Es führt einfach kein Weg dran vorbei, ich muß ein Mädchen unter zwanzig heiraten. Sie wird mir auch keine Schande machen, das steht fest. Also mach dich fein und geh noch heute um ihre Hand anhalten.«

Am späten Nachmittag desselben Tages machte sich Amirs Mutter also ausgehfein, hüllte sich zudem in einen Tschador und ging gemeinsam mit ihrem Sohn um die Hand des Mädchens anhalten. Man begrüßte einander. Das Mädchen trug ein züchtig gebundenes Kopftuch und dicke Strümpfe und servierte den Gästen Tee, zurückhaltend und bescheiden.

Der Mutter gefiel die Braut, der Braut gefiel die Mutter. Der Familie des Bräutigams gefiel die Familie der Braut, und umgekehrt gefiel der Brautfamilie die Familie des künftigen Schwiegersohns, und so vereinbarte man den Hochzeitstermin für den kommenden Mittwoch, noch vor den anstehenden Trauermonaten, um keine Zeit zu verlieren. Als Brautpreis wurden fünfzehntausend Toman vereinbart, und Amir Khan würde einen Spiegel und einen Kerzenleuchter zum Hadschi bringen, in dessen Haus die Hochzeit stattfinden würde, da das mehr Platz bot und zudem schöner war. Alsdann kehrten Mutter und Sohn zufrieden und guter Dinge nach Hause zurück und überbrach-

ten Alieh die frohe Botschaft. Alieh nickte artig, lächelte vielsagend, legte bei der ersten Gelegenheit ihren Tschador an und beeilte sich, Faezeh alles zu berichten.
Erschüttert, verzweifelt schlug die Verschmähte ihren Kopf gegen die Wand, mehrmals, schlug mit der Faust gegen die Fensterscheibe, die zersprang und Faezeh an der Hand verletzte. Aliehs Rat folgend, hüllte Faezeh sich in ihren Tschador und ging gemeinsam mit ihr zum Grabmal des Schah Abdolazim, wo sie gelobten, zwölf Kerzen und ein dickes, fettes Schaf zu opfern, wenn die Hochzeit nicht stattfände. Anschließend gingen sie nach Darvazeh Ghar, erbaten von Mirza Monaqhebi ein liebetötendes Amulett und brachen dann in ein nahe gelegenes Dorf auf, zu Khanum Badschi und ihrem Buch. Mit Hilfe dieses uralten Buchs und ihrer reinen Seele machte Khanum Badschi Weissagungen. Sie betrachtete Faezeh von Kopf bis Fuß, schlug ihr Buch auf und sprach:
»Es geht hier um ein Mädchen von mittlerer Statur, nicht zu groß und nicht zu klein, nicht zu dick und nicht zu dünn. Sie hat einen schönen blassen Teint, ein rechteckiges Gesicht, kleine Augen und beerenrote Lippen.« Faezeh fand es verblüffend, wie zutreffend all das in diesem Buch geschrieben stand. »Sie ist traurig«, sagte Khanum Badschi, »sie hat Kummer, Liebeskummer. Gott möge ihr beistehen.« Faezeh nickte heftig. In jenem Moment empfand sie für Khanum Badschi so viel Liebe wie für ihre eigene Mutter. Und das alte Mütterchen fuhr fort:
»Um über diese Liebe hinwegzukommen, muß das Mädchen barfuß sieben Nächte in Folge erst sieben mal sieben Schritte gen Mekka machen, dann sieben mal sieben Schritte in die Gegenrichtung, und bei jedem Schritt muß sie sagen, ›Oh Herr, erlöse mich von den bösen Versuchungen des Teufels.‹ Dann

soll sie sich die Füße mit Wasser waschen und sie, wenn sie zu Bett geht, nicht unter die Bettdecke stecken.«

Faezeh sagte: »Khanum Badschi, ich bin verliebt. Ich möchte meinen Geliebten erreichen, ich will nicht, daß diese Liebe unglücklich endet. Geben Sie mir ein Amulett, einen Talisman, irgendwas, das diesen Mann dazu bringt, mich zu lieben.«

Die uralte Frau lachte und sagte: »Mein liebes Kind, man kann nichts erzwingen. Du mußt ankämpfen gegen diese Liebe. Das alte Sprichwort sagt es treffend: Wie gut, wenn die Liebe zwei Köpfe befällt. Befällt sie nur einen, verursacht sie einen Schmerz, den kein Kopf aushält.«

Wutentbrannt stürzte Faezeh nach draußen, warf Khanum Badschi verächtlich eine Fünf-Rial-Münze hin. Khanum Badschi lachte, als Faezeh fort war. Sie stand auf, nahm das Geldstück und warf es in eine tönerne Schale. Auf diese Weise, so ihre Vorstellung, käme langsam, aber sicher ein hübsches Sümmchen für die Mitgift ihrer Enkelin zusammen.

Faezeh ging sieben Tage und sieben Nächte lang auf und ab, hin und her und grollte und greinte. Sie erwog, zur Polizei zu gehen und Amir Khans Mord an Munes anzuzeigen. Sie könnte Amir Khan auch umbringen, so wie er Munes umgebracht hatte. Tausenderlei Möglichkeiten zog sie in Betracht, verwarf sie schließlich alle als ihrer nicht angemessen und entschied sich dafür, zur Hochzeit zu gehen und das Amulett zu Füßen von Munes' Leiche zu vergraben. Dann könnten Leichenblut und Talisman Amir Khan mit vereinten Kräften das Leben schwermachen.

Am Hochzeitsabend fuhr Faezeh also zu Amir Khans Haus. Alieh, die ahnte, daß Munes keines natürlichen Todes gestorben war, ihre Vermutung aber für sich behielt, ließ Faezeh ins Haus, bevor sie selbst zum Hochzeitsfest im Haus des Hadschi ging. Faezeh begab sich geradewegs in den Garten, um den Talisman rasch zu vergraben, als eine Stimme sie vor Schreck erstarren ließ: »Faezeh Dschan!«

Das war Munes' Stimme. Sie schien von unter der Erde zu kommen. Faezeh schluckte schwer, preßte die Hand auf ihr heftig hämmerndes Herz, das ihr die Brust zu sprengen drohte. Langsam gewann sie ihre Fassung zurück. Und wieder sprach die Stimme: »Faezeh Dschan, ich bekomme keine Luft.«

Faezeh schwieg. Die Stimme sagte: »Ich habe Riesenhunger. Ich sterbe vor Durst. Seit Ewigkeiten hab ich nicht einen Schluck Wasser getrunken, keinen Bissen gegessen.«

Statt sich weiter den Kopf zu zerbrechen, fing Faezeh an, das Grab mit bloßen Händen aufzugraben. Sie grub und grub, bis Munes' Mondgesicht zum Vorschein kam. Munes schlug langsam die Augen auf und sagte: »Schwester, Liebes, gib mir ein Schlückchen, ein winziges Schlückchen Wasser.«

Faezeh ging ans Wasserbecken im Garten, schöpfte eine Handvoll Wasser und benetzte Munes' Gesicht damit. Rasch grub sie nun weiter. Sie wühlte und grub so lange, bis Munes aus ihrem Grab stieg, so schwach, daß sie sich kaum regen konnte. Faezeh fing sie auf, klopfte ihr die Erde vom Leib, und Munes stolperte in Richtung Küche. Faezeh wurde himmelangst. Wie sollte sie dieses seltsame Ereignis wohl erklären? Sie schlich Munes auf Zehenspitzen hinterher und sah, daß die, erdverschmiert wie sie war, den Kochtopf aus dem Kühlschrank genommen hatte, sich mit ihren dreckigen Händen Essen direkt aus dem Topf in den Mund stopfte und dabei leise knurrte. Sie rollte mit den Augen und hatte das Gesicht zu einem gräßlichen Lächeln verzerrt, das Faezeh das Blut in den Adern gefrieren ließ.

Munes schlang das Essen in sich hinein, brüllte dabei ein ums andere Mal, wie eine Löwenmutter auf der Suche nach ihren Jungen, und grunzte zwischendurch vor Gier. Nachdem sie den Topf halb leer gegessen hatte, war der erste Hunger gestillt. Munes stand auf, stolperte zur Wasserpumpe im Garten, stellte einen Eimer darunter, ließ ihn mit schmutzigem Wasser randvoll laufen und leerte ihn in einem Zug.

Sie hielt einen Moment inne, zog dann knurrend und grunzend ihre schmutzigen Kleider aus, stieg ins Bassin und fing an, sich zu waschen.

Faezeh eilte hinauf in Munes' Schlafzimmer, das noch unangetastet war, zog Schubladen und Schränke auf, nahm Unter- und Oberkleidung für Munes heraus, ein Handtuch auch, und ging zurück in den Garten. Munes nahm das Handtuch, trocknete sich bibbernd ab und zog dort im Garten die sauberen Kleider an. Dann ging sie ins Wohnzimmer und ließ sich auf ihrem Stammplatz am Radio nieder. Faezeh, noch immer höchst beunruhigt, folgte Munes und setzte sich ihr gegenüber in eine Ecke.

Munes sagte: »Du steckst also, um mich umzubringen, mit meinem Bruder unter einer Decke. Schäm dich! Keinen Funken Ehrgefühl hast du im Leib!«

Faezeh stammelte eine Erklärung, doch sie hätte ebensogut mit einem Stein reden können. Ihre Worte prallten an Munes ab. Die fuhr fort:

»Dein ganzes Leben lang hast du mein Gesicht für rund gehalten und mich deshalb für einen Esel, für nicht ganz klar im Kopf, stimmt's?«

»Was redest du denn da? Wer denkt denn so was?«

»Du selbst, du verfluchtes ...«

»Ich schwöre beim heiligen Mekka, so was hab ich nie gedacht.«
Munes triumphierte: »Jetzt bist du die Dumme. Ich kann jetzt nämlich Gedanken lesen. Du hast nicht nur gedacht, ihr Gesicht ist rund und sie ist schwer von Begriff, nein, du wolltest meine Dummheit auch noch ausnutzen und dir meinen Bruder angeln, stimmt's oder hab ich recht?«
»Bei der Familie des Propheten ...«
»Halt die Klappe. Du wirst doch keinen Meineid schwören wollen!«
Faezeh verstummte. Munes forderte sie auf: »Schau endlich genau hin, mein Gesicht ist nicht nur nicht rund, sondern sogar ziemlich oval.«
Faezeh starrte Munes erstaunt an und stellte fest, daß deren Gesicht in der Tat so lang geworden war wie ein Pferdegesicht. Völlig verstört fühlte Faezeh sich plötzlich wie im Fieberwahn, wünschte, gelähmt zu sein und taub und blind, um all das weder hören noch sehen zu müssen.
Munes sprach indes weiter: »Übrigens ist nicht nur mein Gesicht oval, sondern auch meine Pupillen.«
Faezeh schaute Munes in die Augen. Tatsächlich. Auch ihre Pupillen hatten sich gedehnt.
»Und sie sind nicht nur oval, sie sind auch rot.«
Faezeh sah, daß Munes recht hatte. Ihre Pupillen waren rot und oval geworden. Und höchstwahrscheinlich hat sie auch Hufe an den Füßen, dachte Faezeh.
»Nein, natürlich hab ich keine Hufe«, sagte Munes und lachte laut und hämisch, teuflisch. Faezeh war kurz davor, die Besinnung zu verlieren, doch Munes gönnte ihr keine Ruhe.
»Hör doch auf, dich zu verstellen, so durch und durch ver-

dorben, wie du bist. Aber ich werde trotzdem weggehen und mit dir zusammenleben. Ich will eine Anti-Bruder-Gesellschaft gründen, um zu verhindern, daß noch mehr Brüder ihre Schwestern umbringen. Im Grunde bin ich kein schlechter Mensch. Nur darfst du nie vergessen, daß ich auch hinter den leisesten schmutzigen Gedanken komme, den dein Spatzenhirn denkt. Ist das klar?«

»Albateh, albateh. Selbstverständlich. Ganz klar.«

Munes fuhr fort: »Meine Oma, Gott hab sie selig, hatte eine Katze, die einmal vierundzwanzig Stunden lang in einem Stapel Bettsachen feststeckte. Als sie freikam, war sie platt wie ein Buch und hat sich gleich überfressen. Dick und kugelrund ist sie geworden und dann gestorben. Als ich aus diesem Grab gestiegen bin, kam ich mir vor wie diese Katze. Ich glaube, in dem Moment ist der Geist dieses armen Tiers in mich gefahren.«

»Albateh, tatsächlich. Deine Augen ähneln Katzenaugen. Während dein Gesicht aber doch an das eines Pferdes erinnert.«

»Was schwafelst du so geschwollen daher? Noch vor wenigen Wochen waren wir Freundinnen, obwohl ich dumm war in deinen Augen. Jedenfalls waren wir miteinander befreundet. Also rede gefälligst wie ein normaler Mensch mit mir.«

»In Ordnung.«

»Außerdem hab ich das Buch über Mann und Frau gelesen. Ab jetzt brauchst du dir nicht mehr einzubilden, daß du mehr weißt als ich, kapiert?«

»Ja.«

»Und nebenbei bemerkt kocht Parvin besser als du. So seh ich das. Verstanden?«

»Ja.«

Natürlich schluckte Faezeh schwer, der Kloß in ihrem Hals

rutschte hinab bis in ihr Herz und schwoll an, und Munes, das mondgesichtige, einfältige Mädchen von einst, das im Grunde seines Herzens gutmütig war, sagte: »Du kochst natürlich auch nicht schlecht, aber sie kocht wirklich besser.«

»Was machen wir jetzt?« fragte Faezeh kurz darauf.

»Wir bleiben hier sitzen, bis das Brautpaar kommt.«

Stunden später kam die Familie nach Hause, in Begleitung der Brauteltern und einiger Gäste. Unter großem Jubelgeschrei, Freudengeheul und Trara führte man die sich zierende Braut ins Brautgemach und schickte den Bräutigam, der so betrunken war, daß er sich kaum auf den Beinen halten konnte, hinter ihr her. Da schrie Alieh entsetzt auf und fiel in Ohnmacht, weil sie Munes gesehen hatte, die im Flur stand und sich die Hochzeitsgesellschaft besah.

»Wer ist diese junge Dame?« wollte Hadschi Sorkh-Tschehreh wissen.

Ihre Mutter, zu Tode erschrocken, gab Antwort: »Munes, meine Tochter.«

Munes aber sagte kein Wort. Sie bahnte sich einen Weg durch die Menge und steuerte direkt aufs Brautgemach zu. Sie gab der Tür einen sanften Stoß, sie öffnete sich so leicht wie die Tür zu einem Puppenhaus, obwohl sie von innen verriegelt war, und Munes betrat das Gemach. Da torkelte Amir, betrunken wie er war, bemüht, sich zu entkleiden, und auch das Mädchen, mit dem Blick zur Wand, legte scheu und verschämt seine Kleider ab. Als die Tür aufging, wandten beide sich um, sie verwundert, er leichenblaß, der Ohnmacht nahe, beim Anblick von Munes, deren Gesicht und Pupillen sich länglich gestreckt hatten und die sagte: »Hör auf mit dem Theater. Benimm dich wie ein normaler Mensch und komm her.«

Amir senkte beschämt den Kopf und trat vor sie hin. Munes fragte:
»Du Versager, warum hast du dich so betrunken?«
»Was soll ich sagen?«
»Hast dir ein achtzehnjähriges Mädchen geangelt, brav und unbescholten, wie?«
»Ja.«
An das Mädchen gewandt, fragte Munes: »Und du? Warst du nicht letztes Jahr schwanger von deinem Cousin und hast dich bei Khanum Fatemi unters Messer gelegt?«
Das Mädchen schrie auf und machte Anstalten, in Ohnmacht zu fallen, was Munes jedoch zu verhindern wußte: »Schluß mit dem Getue. Khanum Fatemi war's doch, die dir geraten hat, mein Schaf von Bruder betrunken zu machen.«
Wieder an Amir gewandt, drohte sie: »Und du, Mißgeburt, wirst jetzt mit dieser Frau leben müssen. Wenn du auch nur einmal die Hand gegen sie erhebst oder ihr sonst ein Leid antust, komm ich und verschlinge dich mit Haut und Haaren. Ist dir das klar?«
Amir nickte wie eine halbblinde Ziege. Bis auf die Knochen blamiert standen Braut und Bräutigam vor Munes. Die erklärte: »Ich werde mit Faezeh zusammenleben. Die Arme, sie ist zwar eine Nervensäge, aber immerhin tatsächlich noch Jungfrau. Was man ja von der anderen Dame hier nicht sagen kann. Das hat mein kluger Bruder nun davon. Aber wie gesagt, wenn du ihr auch nur ein Haar krümmst, mach ich dir das Leben zur Hölle.«
Sprach's und verließ das Brautgemach. Amir starrte seine junge Braut an, entgeistert, wie vor den Kopf gestoßen. Er setzte sich auf die Bettkante und begann hemmungslos zu weinen.
»Womit hab ich das verdient? Welch bitteres Los.«

Ein Heulen und Zähneklappern, während die junge Braut die Tür wieder von innen zusperrte.
Munes ging ins Wohnzimmer. Alieh, mittlerweile wieder bei Sinnen, ging hinterdrein, gefolgt von Munes' Mutter und den übrigen Festgästen. Hadschi Sorkhtschereh erkundigte sich, warum denn die Schwester des Bräutigams nicht auch auf der Hochzeit gewesen sei, doch die Mutter konnte ihre Tochter schwerlich vor aller Augen ausfragen oder gar bloßstellen. Zudem war ihr das eigene Kind nicht mehr geheuer.
Da sagte Munes zu Faezeh: »Auf, auf, Schwesterchen, pack deine sieben Sachen, jetzt geht's nach Karadsch.«
»Nehmt mich mit, bei Gott, ich flehe euch an!« rief Alieh.
Munes winkte ab: »Später, später.«
Schweigend stand die Hochzeitsgesellschaft da. Die Mädchen ließen die Gäste hinter sich, öffneten die Haustür und verschwanden im Dunkel der Nacht.

Khanum Farrokhlagha Sadredivan-e Goltschehreh

Farrokhlagha, einundfünfzig Jahre alt, doch schön und wie stets sehr gepflegt, saß auf der Terrasse in ihrer Hollywoodschaukel und schaukelte sanft vor und zurück. Es war mitten im Frühling, ringsum duftete es nach Orangenblüten, Farrokhlagha schloß immer wieder die Augen und sog den wunderbaren Duft tief in sich ein. Würde ihr Vater noch leben, so dachte sie, säße er jetzt ganz gewiß in einer Ecke des Gartens und würde Geranien umtopfen. Er war vor zehn Jahren gestorben, doch Farrokhlagha kam es vor, als sei es erst gestern gewesen. Zwei Tage vor seinem Tod hatte er gesagt: »Töchterchen, gib gut auf dich acht. Dieser Mann ..., ich weiß nicht, ob man sich auf ihn verlassen kann.«

So seine Worte, und zwei Tage später war er gestorben.

Farrokhlagha vergaß den Blütenduft für einen Moment. Die Erinnerung an ihren Vater war so lebhaft, daß sie alles andere verdrängte. Unwillkürlich hielt sie sich die rechte Hand vors Gesicht, wollte die Gedanken an den Verstorbenen vertreiben. Denn wenn ein Toter auftrat, war Kummer nicht weit.

Goltschehreh war im Wohnzimmer. Er stand vor dem großen Spiegel und band sich seine Krawatte. Im Spiegel waren ein Teil des Gartens und der Terrasse zu sehen und Farrokhlagha, die nachdenklich in ihrer Schaukel saß und sich sanft wiegte. Goltschehreh hatte eine Sache von zwei Minuten auf eine halbe Stunde ausgedehnt, um unbemerkt jede Bewegung seiner Frau im Auge behalten zu können. Er mochte ihr nicht direkt ins Gesicht sehen. Wann immer sie einander in die Augen sahen, hatte er nur ein verächtliches Lächeln für sie übrig. Er konnte nicht anders; er hatte keine Erklärung dafür, warum er jedesmal Abscheu, ja Haß empfand, wenn er sie direkt ansah. Obwohl er sie, aus der Ferne oder wie jetzt, wenn er sie unbeobachtet anschauen konnte, liebte, mehr als alles oder irgend jemanden sonst auf der Welt. Doch immer, wenn er gezwungen war, ihr von Angesicht zu Angesicht zu begegnen, kam der Haß in ihm hoch. Ein Gefühl, nun schon dreißig Jahre alt.

Farrokhlagha hatte das Bedürfnis, sich zu recken. Sie streckte beide Arme weit aus, krümmte den Rücken und lockerte alle Gelenke. Ein wunderbares Gefühl. Vivien Leigh aus *Vom Winde verweht* kam ihr in den Sinn. Auch sie hatte sich in einer Schlafzimmerszene so geräkelt wie Farrokhlagha. Die Erinnerung an Vivien Leigh war immer verbunden mit der an Fakhredin Azod. Und ihre erste Erinnerung an ihn war stets die an die Gesellschaft, zu der der Prinz geladen hatte, in seinen Garten in Schemiran. Fakhredin, gerade aus Amerika zurück, hatte Filme und Fotos mitgebracht, die er dort gemacht hatte und den Gästen zeigen wollte. Auch die Bilder von New York, diese seltsamen Bilder. In späteren Jahren war Farrokhlagha dreimal nach New York gereist, doch das New York, das sich ihr mit diesen Fotos eingeprägt hatte, sah sie nie. Ihrer Ansicht nach war daran allein Goltschehreh schuld. Wäre sie mit Fakhredin nach New York gegangen, hätte sie die ungewöhnlichen Seiten der Stadt ganz bestimmt entdeckt. Goltschehreh aber war nicht der Typ, der ihr New York von dieser anderen Seite hätte zeigen können. Er tat nichts als morgens um neun im Hotel zu frühstücken, dann in der Lobby in einem Sessel zu versacken, vielleicht ein Nickerchen zu machen, bis Herr Entezami sie endlich abholte und mit ihnen zum Essen ging, ins Kino oder ins Kabarett.

Nun war die Krawatte gebunden, und Goltschehreh suchte nach einem Grund, vor dem Spiegel sogar die ganze Nacht zu verbringen, wenn es sein müßte. Rasieren, so fiel ihm ein, wäre eine gute Möglichkeit, eine weitere halbe Stunde rauszuschinden. Er ging ins Bad, füllte warmes Wasser in eine Schüssel, trug sie samt Rasierpinsel, Rasiercreme und einem kleinen Handtuch ins Wohnzimmer und begann mit der Prozedur.

Farrokhlagha wartete geduldig darauf, daß Goltschehreh seine Rasur beenden und aus dem Haus gehen würde. Seit seiner Pensionierung ging er jeden Abend ein, zwei Stunden spazieren, las seine Zeitung, trank unterwegs einen Kaffee und kam wieder nach Hause. Und seine Frau wartete Tag für Tag geduldig darauf, daß er das Haus verließ, dann konnte sie aufleben und sich im Haus ungehindert bewegen. Wenn er zu Hause war, raubte er ihr alle Kraft, und sie war gezwungen, sich irgendwo zu verkriechen. Ein Leben in Reglosigkeit, seit zweiunddreißig Jahren schon. An die schiere Grabesruhe hatte sie sich mittlerweile gewöhnt. Eines aber stand fest: sobald Goltschehreh aus dem Haus ging, kamen ihr Beweglichkeit und Lebensfreude zurück. Früher währte die Freude länger, weil er täglich mindestens acht Stunden weg war, auch wenn er mittags zum Essen heimkam und anschließend zu Hause sein Nickerchen machte. Damals hatte sie mehr Energie, war unbeschwerter, sang manchmal sogar. Seit Goltschehrehs Pensionierung war ihr diese Freude genommen. Ihr Mann war seitdem nicht nur länger zu Hause, er war ihr auch im Weg, lästig. Nie kam es ihm in den Sinn, sich um die Topfpflanzen zu kümmern, die Weinreben zu richten oder die Spiegelintarsien im Salon auszubes-

sern, die in miserablem Zustand waren. Immer trug er seine Pyjamahose, fläzte sich, auf dem Sofa, auf der Bank im Garten oder am Boden, und verschlief den lieben langen Tag, oder er verdarb Farrokhlagha die Laune mit seinen geschmacklosen, abgedroschenen Witzen.
Sie sagte: »Du kannst dich doch am Waschbecken rasieren. Im Wohnzimmer wird der ganze Teppich naß.«
Goltschehrehs Herz machte Freudensprünge, während er mit dem Rasierpinsel im Wasser umherfuhr.
»Frauen haben nichts zu melden!«
Farrokhlagha biß sich auf die Lippe, um sich eine Antwort zu verkneifen. Sie wandte sich ab, schaute wieder in den Garten, hatte keine Lust auf Streitereien, auch wenn ihr Worte wild durch den Kopf schossen und nach draußen drängten. Farrokhlagha beherrschte sich. Fakhredin Azod war wieder da. Er tauchte immer in solchen Momenten auf, als Retter in der Not.

An dem Abend, als sie einander zum ersten Mal begegnet waren, war Fakhredin auf sie zugegangen. Sie hatte unter einer Akazie gestanden, er hatte sich ihr von hinten genähert. Seine ersten Worte waren: »Vivien Leigh!«
Farrokhlagha hatte sich umgewandt. Fakhredin hatte sie angesehen. Seine vollen, männlichen Lippen waren ihr noch gut in Erinnerung. Auch wenn sie sie später oft geküßt hatte, blieb doch die Erinnerung an diesen ersten Eindruck. Diese vollen Lippen, fest aufeinandergepreßt, ein wenig geheimnisvoll, wie um seine blendend weißen Zähne zu verbergen.
»Ich?«
»Sie. Vivien Leighs zarte kleine Schwester. Erstaunlich, diese große Ähnlichkeit.«

Am liebsten hätte sie sich, nach der von ihrer Mutter geerbten Gewohnheit, umgewandt und ihn, über die linke Schulter hinweg, aus den Augenwinkeln angesehen. Dieser Blick, das wußte sie, war ein Ausdruck von Schönheit. Doch noch bevor sie den Kopf hatte nach links drehen können, war die Verlegenheit gekommen, hatte ein ängstliches Vögelchen aus ihr gemacht. Und Fakhredins Lippen hatten sich zu einem Lächeln geöffnet.

»Farrokh«, hatte er gesagt, »glauben Sie mir, Sie werden von Tag zu Tag schöner. Wie ist das möglich?« Auch wenn ihre Verlegenheit nicht gewichen war, hatte sich zum Glück ihr Verstand alsbald gemeldet. So hatte sie den Kopf nach links drehen, Fakhredin über die linke Schulter hinweg ansehen und antworten können: »Sie haben mich doch seit zehn Jahren nicht mehr gesehen.«

»Nicht mehr gesehen? Wer sagt denn das?«

Woraufhin sie gefragt hatte: »Wo wollen Sie mich denn gesehen haben?«

Woraufhin Fakhredin sich in Höhe des Herzens mehrfach an die Brust geklopft und gesagt hatte: »Hier drinnen. Warum haben Sie geheiratet?«

»Hätte ich's denn nicht tun sollen?«

»Hätten Sie's denn tun müssen?«

Bei dieser Frage war Farrokhlagha erschrocken. Sie hatte ihm doch nie irgendwelche Versprechungen gemacht. Als er nach Amerika gegangen war, war sie dreizehn. Sie konnte sich nicht daran erinnern, damals etwas für ihn empfunden zu haben. An jenem Tag, in jenem Moment aber schloß sie nicht gänzlich aus, daß Gefühle existiert haben könnten. Sie sagte: »So ist das Leben. Jeder heiratet irgendwann.«

»Und Sie? Wie kann eine so schöne Frau wie Sie nur heiraten? Sie hatten absolut kein Recht dazu. Sie hätten der ganzen Welt die Möglichkeit geben müssen, Sie zu sehen.«
Farrokhlagha hatte gelacht. Gekichert, lang anhaltend, höchst amüsiert. Was dieser Mann da von sich gab, war zu komisch. Ihr beinahe hämisches Kichern hätte ihn reizen können. Doch er war kühl geblieben, war ihr noch näher gekommen und hatte gesagt:
»Sie sollten immer Blau tragen, es steht Ihnen gut.«
Und unversehens hatte Goltschehreh zwischen ihnen gestanden. Gut einen Kopf kleiner als Fakhredin, mit seinem zynischen Lachen und seinem mißtrauischen Blick, der Farrokhlagha seit vier Jahren zu schaffen machte, und Fakhredin hatte gesagt:
»Gerade habe ich Ihrer Gattin von *Vom Winde verweht* erzählt. Ich habe den Film gesehen, kurz bevor ich zurückgekommen bin. Eine der ersten Vorführungen. Sie glauben gar nicht, wieviel Mühe es mich gekostet hat, eine Karte zu ergattern. Um fünf Uhr früh hab ich schon angestanden. Ich sagte gerade zu Ihrer Gattin, wie sehr sie Vivien Leigh ähnlich sieht, der Hauptdarstellerin.«
»Adschab! Was Sie nicht sagen«, war alles, was Goltschehreh zu bemerken hatte.
Sein Lächeln war nach wie vor voller Spott. Kläglich. Immerhin aber war er Manns genug, zu erkennen, daß er Fakhredin nicht das Wasser reichen konnte.
»Sie sollten ihn sich ansehen, sobald er in die Kinos kommt«, hatte Fakhredin noch gesagt. »Ein Meisterwerk der Filmkunst. Und der bisher teuerste Film aller Zeiten.«
An jenem Abend hatte ihr Onkel, Amu Dschan, sie beide nach Hause gefahren. Aus Respekt vor ihm hatte Goltschehreh wäh-

rend der gesamten Fahrt geschwiegen. An der Straßenecke hatten sie sich höflich von Amu Dschan verabschiedet, waren Seite an Seite nach Hause geschlendert, und Farrokhlagha hatte unentwegt an die kommende Stunde gedacht, in der Goltschehreh zu Bett gehen und ihr Zeit bleiben würde für ihre Wachträume, bevor sie selbst schlafen ging. Goltschehreh aber hatte ihr jenen Abend gründlich verdorben. Noch unterwegs war er hergezogen über den ›albernen Film‹, von dem dieser ›schwachsinnige Kerl‹ gefaselt hatte. Über seine verfluchten Bilder. Die blödsinnigen Hütchen, die er mitgebracht und allen Gästen aufgesetzt hatte, um dann jeden, natürlich mit Hütchen, zu fotografieren. Auch seine bessere Hälfte hatte Bilder gemacht. Und mit erstickter Stimme hatte Farrokhlagha nur herausgebracht: »Halt den Mund!«

Doch das hatte ihn lediglich dazu gebracht, nun sie ins Visier zu nehmen. Er ließ von dem ›schwachsinnigen Kerl‹ ab und widmete sich ihrem blauen Kleid, so häßlich und anstößig wirkte es, daß der Anblick allen auf den Magen geschlagen war.

Doch damit nicht genug. Im Anschluß daran hatte er eine Wassermelone aus dem Keller geholt, hatte sich um zwei Uhr in der Frühe darüber hergemacht und Farrokhlagha gezwungen, mitzuessen, die das ganze Brimborium nur mitmachte wegen der Aussicht auf die halbe Stunde, in der sie vor dem Einschlafen ungestört ihren Gedanken würde nachhängen können. Nach der Wassermelone hatte er sich vors Radio gesetzt, hatte mal Radio Berlin, mal London, mal Moskau gehört, um zu erfahren, was in der Welt los war. Um drei Uhr früh schließlich hatte er das Bett aufgesucht und vor dem Einschlafen natürlich seinen ehelichen Pflichten nachkommen wollen. Farrokhlagha hatte auch das über sich ergehen lassen, und er – es war mittlerweile vier Uhr früh – hatte danach beschlossen, ausgiebig zu baden und im Anschluß daran zu beten, was er sonst nur selten tat. In jener Nacht hatte Farrokhlagha erstmals Abneigung gegen ihn empfunden. Und ihre Abscheu war geblieben, für immer.

Goltschehreh hatte seine ausgedehnte Rasur beendet. Nun räumte er in aller Seelenruhe sein Rasierzeug zusammen. Warum er sich damit an jenem Tag so viel Zeit ließ, wußte er selbst nicht recht. Worauf wartete er? Es schien etwas in der Luft zu liegen. Doch was, das entzog sich ihm. Es klingelte, und Mossayeb ging ans Tor. Farrokhlagha schaute ihm nach und wartete geduldig auf Nachricht, wer geklingelt hatte und aus welchem Grund. Goltschehreh war auf die Terrasse gekommen und hatte sich Farrokhlagha bis auf zwei Schritte genähert. Sie hatte sich ihm zugewandt und ihn kurz angeschaut. Ein Blick hatte beiden genügt, um sich ihres Hasses aufeinander zu vergewissern, und Goltschehreh war einfach mit der Tür ins Haus gefallen, hatte ohne jede Vorwarnung gesagt:
»Nächsten Monat wirst du zweiundfünfzig. Du kommst in die Wechseljahre, Fakhor Dschan, darauf kannst du stolz sein.«
Farrokhlagha hatte ihn schweigend angesehen, hatte sein wie stets verletzendes Lächeln hingenommen und schließlich geantwortet:
»Hör zu, Sadri, du täuschst dich, wenn du glaubst, ich ließe mir deine Scherze auch nur eine Sekunde lang gefallen.«
»Nein, du täuschst dich, mein Schatz. Das war kein Scherz. Mit den Wechseljahren ist nicht zu spaßen.«
Farrokhlagha seufzte und schaute wieder zum Tor. Da stand der Zeitungsbote. Mossayeb nahm ihm die Zeitung ab, kam zu-

rück und legte sie Farrokhlagha vom Garten aus vor die Füße. Zugleich kündigte er an, er wolle nach Karadsch fahren, um bei Nassrollah Khan Fleisch zu kaufen, weil er am Freitag Gäste habe.

»Wie schade, daß wir keinen Garten in Karadsch haben«, sagte Farrokhlagha.

»Du glaubst doch nicht etwa, ein Garten würde dir jetzt noch Freude machen, in den Wechseljahren?« sagte Goltschehreh.

Farrokhlagha, in die Titelseite der Zeitung vertieft, gab zurück:

»Du in deinem Alter hast wohl noch Lust auf junges Gemüse, das dann auch noch hinter deinem Sarg hertingelt, oder warum gibst du solchen Mist von dir?«

»Mag wohl sein, daß ich Lust auf junges Gemüse habe, ja. Aber Euer Hoheit werden das gewiß nicht mehr erleben.«

»Na dann geh und such dir eine, die dir stets zu Diensten ist, so gehässig und gemein, wie du bist«, sagte sie und widmete sich der Zeitung. Goltschehreh streckte die Hand danach aus. Farrokhlagha reichte sie ihm und starrte wieder in den Garten. Mossayeb hatte nun Jacke und Straßenschuhe an, um aus dem Haus zu gehen. Am Wasserbecken blieb er kurz stehen und fragte: »Brauchen Sie sonst noch irgendwas?«

»Grüne Mandeln, wenn du welche findest.«

Er nahm es zur Kenntnis und ging wortlos zum Tor hinaus. Goltschehreh saß auf der Fensterbank am offenen Fenster und hantierte mit der Zeitung herum. Gott, warum geht er nicht endlich, dachte Farrokhlagha.

Sie wollte ihre Gedanken weiterspinnen, ungestört in Erinnerungen schwelgen, dachte zurück an den Tag, an dem sie Fakhredins amerikanische Gattin zum ersten Mal besuchten. Sie war sechs Monate nach ihrem Mann in den Iran gekommen, mit den beiden Söhnen, Teddy und Jimmy. Wie seltsam Farrokhlagha die beiden Namen damals vorkamen. Sie würde nie vergessen, wie nervös und aufgekratzt sie an jenem Tag war. Mit der Brennschere hatte sie sich die Haare onduliert und ein blaugeblümtes weißes Kleid angezogen. Unter Goltschehrehs mißbilligendem Grinsen hatte sie sich gepudert, die Lippen bemalt, die Locken gelegt. Viel Mühe hatte sie darauf verwendet, die Nähte ihrer Strümpfe akkurat auszurichten. Zu guter Letzt eine kurze prüfende Drehung vor dem Spiegel. Alles schien in bester Ordnung, aber noch hatte sie die andere Frau nicht gesehen. Sie hatte überhaupt noch nie eine Amerikanerin gesehen. Zumindest aber hatte sie *Vom Winde verweht* gesehen und sich ständig mit Vivien Leigh verglichen.

Dabei hatte sie nicht schlecht abgeschnitten, auch wenn sie keine Ähnlichkeit Vivien Leighs mit sich entdeckt hatte. Wenn aber Fakhredin sie sah, dann mußte wohl was dran sein.

Fakhredin und seine Frau wohnten damals vorübergehend bei Sarem Mirza, bis zur Fertigstellung ihres eigenen Hauses im Nordteil desselben Grundstücks. Die Amerikanerin stand an der breiten Flügeltür und reichte jedem Gast zur Begrüßung die Hand. Sie konnte mit niemandem ein Wort wechseln. Sie lächelte nur. Sie war ungemein groß, hatte blondes Haar und geäderte Hände mit Sommersprossen. Ihre Augen waren so hell, daß sie farblos schienen. Bei genauerem Hinsehen stellte man fest, daß sie blau waren, wenn auch sehr hell, jedenfalls aber blau, und Fakhredin mochte Blau. Farrokhlagha hatte seiner Frau die Hand gegeben und war ins Haus gegangen. Vor dem großen Spiegel, nur wenige Schritte vom Eingang entfernt, war sie stehen geblieben, um sich zu betrachten: ihre dunklen Augen, die blauen Blumen auf ihrem Kleid. Plötzlich war Fakhredins Gesicht im Spiegel erschienen, und sie hatte sein Spiegelbild gefragt:

»Warum hast du geheiratet?«

Eine einfache Frage, die man auch ihr gestellt hatte. Doch wie seltsam war ihre Wirkung. Fakhredin hatte Farrokhlagha im Spiegel eindringlich angesehen und war ihr mit einemmal blaß vorgekommen.

»Wie gut dir das weiße Kleid mit den blauen Blumen steht«, hatte er erwidert und war eiligst an die Seite seiner Frau zurückgekehrt. An jenem Abend hatten sich ihre Wege immer wieder gekreuzt. Eine seltsame Kraft schien sie zueinander hinzuziehen.

Jahre später, auf der Terrasse im Garten des Prinzen, hatte sie Adeleh Rifat von sich und Fakhredin erzählt. Adeleh war ihr sympathisch gewesen, sie hatte sich Mühe gegeben, Farrokhlaghas Geschichte nachzuempfinden. Sie hatte ihr recht gegeben, hatte der Liebe hohen Wert beigemessen. Sie hatte Goltschehrehs Verhalten kritisiert. Damals waren Farrokhlaghas Älteste und Adelehs Sohn Seite an Seite durch den Garten spaziert.

Gerüchte hatten in jener Zeit die Runde gemacht, und Farrokhlagha wußte von der Affäre zwischen Adeleh und dem Prinzen. Sie hatte ihre eigene Geschichte in der Hoffnung erzählt, Adeleh die ihre zu entlocken. Und so war es auch gekommen. Unter Tränen hatte Adeleh vieles preisgegeben. Die beiden Frauen waren mit der Zeit enge Freundinnen geworden, und Farrokhlagha hatte damals gesagt:

»Acht Jahre hat das gedauert. Acht lange, seltsame Jahre.«

»Du warst also den ganzen Krieg über verliebt. Du Glückliche«, hatte Adeleh geantwortet.
Farrokhlagha hob beide Hände hinter den Kopf. Sie unterdrückte ein Gähnen und sagte laut: »Acht Jahre Krieg.«

Goltschehreh, grundlos mürrisch, fragte plötzlich: »Wenn eine Frau in die Wechseljahre kommt, ändern sich dann auch ihre Gefühle?«
»Das weiß ich nicht, Sadri.«
»Ganz bestimmt ist das so. Deshalb darf ein Mann ja auch mehrere Frauen haben, damit er im Bett nicht eine Frau in den Wechseljahren ertragen muß.«
»Mag sein.«
Goltschehreh dachte zurück an die arme Seele, die den Namen Farrokhlagha hatte ertragen müssen. Ein Kapitel aus den Kriegsjahren. Sie war Polin, sprach kein Farsi, und Goltschehreh hatte sie Farrokhlagha getauft. Sie arbeitete in einer Bar. Wenn er sie Farrokhlagha nannte, lachte sie. Sie konnte den Namen nicht richtig aussprechen und fand ihn amüsant. Als der Krieg vorbei war, hatte sie gesagt: »Farrokhlagha zurück nach Europa«, und hatte gelacht. In der Woche darauf arbeitete sie schon nicht mehr in der Bar.
Goltschehreh fragte: »Wirst du sehr böse, wenn ich nochmal heirate?«

Farrokhlagha gab keine Antwort. Sie schaute weiterhin in den Garten. Dachte zurück an Fakhredins letzten Blick. Bei ihm zu Hause. Hinter verschlossener Tür, bei geschlossenen Vorhängen. Es war dunkel gewesen im Zimmer, und Fakhredins Augen hatten in der Dunkelheit geschimmert.

»Ich muß gehen«, hatte er gesagt, »muß gehen, mich um die Kinder kümmern.«
Farrokhlagha hatte geweint.
Fakhredin hatte gesagt: »Ich komme wieder. Versprochen.«
Wiedergekommen war seine amerikanische Ehefrau, mit Teddy und Jimmy, als der Krieg vorbei war. Auch ihre vermeintliche Geistesstörung schien zurückgekehrt. Auf einer Abendgesellschaft hatte sie geschrien: »Ihr seid ja alle verrückt!«
Das lag wohl am Whisky, vielleicht aber auch daran, daß sie mit ihrer Geduld am Ende war. Zehn Tage später hatte sie die Kinder genommen und war wieder nach Hause geflogen.
Warum sie es ahnte, wußte Farrokhlagha nicht, aber sie ahnte, daß Fakhredin nicht wiederkommen würde.
Er kam nicht wieder. Fünf Monate nach seinem Versprechen kam er bei einem Autounfall ums Leben. Farrokhlagha blieb allein zurück, mit ihren Problemen und mit Goltschehreh. Es gab zwar Kinder, doch die waren mit sich selbst beschäftigt, wurden schnell groß und gingen eigene Wege. Kaum auf der Welt, waren sie schon wieder weg.

Goltschehreh hatte seine Lektüre beendet, er faltete die Zeitung, legte sie neben sich und wartete darauf, daß Farrokhlagha ihn darum bitten würde, nur um die nächste Bemerkung über ihre Wechseljahre zu machen. Tatsächlich war er erst vor drei Tagen auf diesen Begriff gestoßen und hatte das Gefühl, daß er seine Frau schwer damit kränkte.
Farrokhlagha saß schweigend da, und Goltschehreh, des Wartens überdrüssig, fragte schließlich: »Willst du die Zeitung nicht?«
Sie streckte wortlos die Hand danach aus. Goltschehreh reichte

sie ihr. Sie nahm sie, hob eine Zigarette vom Boden auf und zündete sie an.
»Du solltest nicht rauchen«, sagte Goltschehreh, »schon gar nicht in deinem Alter und in den Wechseljahren, sonst kriegst du ernsthafte Probleme.«
»Warum gehst du nicht ein bißchen an die frische Luft?« fragte Farrokhlagha, »du gehst doch sonst jeden Tag spazieren.«
»Vielleicht hab ich ja heute keine Lust auf frische Luft«, gab Goltschehreh bissig zurück.
Farrokhlagha bereute ihre Frage. Sie war überzeugt, wenn er wüßte, daß seine Spaziergänge sie glücklich machten, würde er nie wieder einen Fuß vor die Tür setzen.
Sie sagte: »Du hast recht. Bleib lieber zu Hause.«
»Ich gehe gleich«, antwortete er.
Er erhob sich, um zu gehen, hatte jedoch, warum auch immer, das Gefühl, zu Hause bleiben zu müssen. Es lag etwas in der Luft, ganz zweifellos. Unvermittelt blieb er vor seiner Frau stehen. Einen Moment lang ging ihm durch den Kopf, daß er sie nach zweiunddreißig Ehejahren eigentlich nicht mehr mit diesem abschätzigen Lächeln mustern müßte. In Wahrheit war ihm seit einiger Zeit bewußt, daß er dieses Lächeln zum Schutz gegen ihre seltsame, unwiderstehliche Schönheit aufgesetzt hatte. Er wußte, wenn er nicht so lächelte, wenn er nicht immer schon so gelächelt hätte, wäre er für diese Frau gestorben. Er wußte, daß sie nie, auch nicht ein einziges Mal, erfahren dürfte, wie sehr er sie liebte, sie immer geliebt hatte. In diesem Augenblick aber begehrte er sie. Er wünschte, er könnte sie ein einziges Mal so ansehen, wie er die Polin angesehen hatte, wenn er sie Farrokhlagha nannte. Nun aber war seine Frau in den Wechseljahren. Der Stolz von einst in ihren Augen war erloschen.

Nachts träumte sie nicht mehr, ging früh zu Bett, schnarchte manchmal sogar. Vielleicht könnte er sie jetzt unverwandt ansehen, offen, ohne Hohn.
»Farrokhlagha Dschan.«
Farrokhlagha erschrak, sie zitterte. So hatte Goltschehreh sie noch nie angesprochen. Immer hatte er Farrokh gesagt und dabei hämisch gegrinst. Sie hob den Kopf. Kein Spott, kein Hohn in seinen Augen, sein Blick war liebevoll. Farrokhlagha geriet in Panik. Sie war überzeugt, daß er etwas im Schilde führte. Was, wenn er mich jetzt umbringt, dachte sie.
Und handelte, vielleicht rein instinktiv. Sie schlug ihm mit der Faust hart in den Magen. Sein Bauch, watteweich, widerstand dem Schlag nicht. Zudem stand Goltschehreh wohl ungünstig, versuchte, auf dem linken Bein schwankend, sich zu fangen, verlor dann aber das Gleichgewicht und stürzte die Terrassenstufen hinab. Farrokhlagha blieb eine Weile vor ihrem Stuhl stehen, sie hatte nicht den Mut, ans Treppenende zu schauen. Der Mann gab keinen Mucks von sich.

Drei Monate später saß sie auf diesem Stuhl, schwarz gekleidet. Niedergeschlagen. Sie mochte auch das Haus nicht mehr. Mossayeb überbrachte eine Nachricht von Herrn Ostovari, dem Immobilienmakler, der ausrichten ließ, die gnädige Frau solle ihn nicht vergessen, falls sie die Absicht habe, zu verkaufen. Urplötzlich, gedankenlos, hatte Farrokhlagha Mossayeb aufgetragen, Ostovari zu sagen, sie verkaufe unter der Bedingung, daß Ostovari für den Erlös ein Grundstück in Karadsch erwerbe. Folglich hatte Ostovari sich in Karadsch nach einem Grundstück umgesehen.
Er war fündig geworden. Ein Garten, saftig grün, am Flußufer.

Frau Farrokhlagha Sadredivan-e Goltschehreh kaufte das Grundstück. Sie verkaufte das Haus in der Stadt und beschloß, nach Karadsch zu ziehen.

Zarrinkolah

Zarrinkolah war sechsundzwanzig und eine Hure. Sie arbeitete in Schahr-e Now, dem neuen Teil der Stadt, im Haus von Gold-Akram, Akram Tala, den manche, seiner sieben Goldzähne wegen, auch Akram Hafti nannten, »Den mit den Sieben«. Zarrinkolah war seit ihrer Kindheit bei ihm. In den ersten Jahren hatte sie morgens und abends jeweils drei bis vier Kunden bedient. Heute, mit sechsundzwanzig, war die Zahl der Freier auf zwanzig bis fünfundzwanzig, manchmal sogar dreißig pro Tag gestiegen. Sie hatte den hohen Arbeitsdruck satt. Hatte sich mehrfach bei Akram beklagt. Zur Antwort hatte sie sich jedesmal Ärger eingehandelt, einmal sogar Prügel bezogen, und hielt seitdem den Mund.

Zarrinkolah hatte ein sonniges Gemüt. Sie war immer gut aufgelegt, damals, als sie drei bis vier Kunden hatte, wie heute, bei bis zu dreißig pro Tag. Immer war sie fröhlich. Sogar in ihren Klagen steckte stets ein Quentchen Humor. Die anderen Frauen mochten sie sehr. Wenn Zarrinkolah beim gemeinsamen Mittagessen mit ihren Späßen anfing und um den Tisch herum tanzte und wirbelte, bogen sich die Frauen vor Lachen.

Mehrfach hatte sie dem Haus schon den Rücken kehren wollen. Doch die Frauen ließen sie nicht ziehen. Wenn Zarri ginge, sagten sie, würde es totenstill im Haus. Vielleicht hatte sich Akram Hafti ja sogar ihretwegen dazu hinreißen lassen, Zarrinkolah zu schlagen. In Wahrheit aber hatte Zarri nie wirklich gehen wollen. Denn ihr Weg weg von hier würde sie geradewegs in ein anderes Haus wie dieses führen. Einmal, mit neunzehn, wäre sie beinahe gegangen, weil ihr jemand einen Heiratsantrag gemacht hatte. Ein ambitionierter Bauarbeiter, der von einer Karriere als Maurer träumte und sich eine zupackende Hausfrau an seiner Seite wünschte. Noch bevor der Pechvogel aber Hochzeitspläne schmieden konnte, spaltete ihm im Streit jemand mit einem Spaten den Schädel.

Zarrinkolah beklagte sich zwar dann und wann, hatte ihr Schicksal aber angenommen. Allerdings beunruhigten sie seit sechs Monaten Schwierigkeiten mit ihrer Wahrnehmung. Eines Samstagmorgens war Zarri aufgestanden, hatte einen Schluck Wasser getrunken, wollte kurz darauf in Ruhe frühstücken und hatte Akram Hafti rufen hören:

»Zarri, Kundschaft für dich, er hat's eilig!«

Frühmorgens kamen nur selten Kunden, sehr wenige, abgesehen von denen, die über Nacht geblieben waren und jetzt am Morgen ihre Bedürfnisse hatten. An jenem Samstagmorgen dachte Zarrinkolah, ein Kunde, na und? Soll er's ruhig eilig haben, das ist mir völlig einerlei. Sie hätte das am liebsten laut geschrien, doch statt ihrer schrie Akram Hafti: »Zarri, du bist gemeint. Kundschaft, hab ich gesagt!«

Sie ließ ihr Frühstück stehen, kaum angerührt, ging wutentbrannt zurück ins Schlafzimmer, legte sich aufs Bett und machte die Beine breit. Der Kunde trat ins Zimmer. Ein Mann ohne Kopf. Zarrinkolah unterdrückte einen Aufschrei. Der kopflose Kunde erledigte, was zu tun er gekommen war, und ging.

Von diesem Tage an waren alle Kunden kopflos. Zarrinkolah hatte Angst, sich jemandem anzuvertrauen. Man hätte denken können, sie sei besessen, von allen guten Geistern verlassen. Sie

hatte von einer Frau hier gehört, der das einst passiert war und die jeden Abend um acht Uhr, wenn die bösen Geister kamen, lauthals zu schreien anfing. Damit hatte sie mehrmals Kunden abgeschreckt und war letztendlich rausgeflogen.
Um also nicht, wie diese Frau, in Geschrei auszubrechen, nahm Zarrinkolah sich vor, jeden Abend um acht Uhr zu singen. Und das tat sie nun seit sechs Monaten. Sie sang aus voller Kehle. Leider hatte sie keine schöne Stimme und konnte auch Töne nicht halten. Ein Tar-Spieler fuhr sie eines Tages an: »Du Landplage, kein bißchen Stimme hast du. Mit deinem Gekrächze raubst du einem den letzten Nerv!«
Seit diesem vernichtenden Urteil ging sie jeden Abend zur Zisterne und sang dort eine halbe Stunde lang. Akram Hafti stellte sich taub. Immerhin befriedigte Zarrinkolah bis zu dreißig Kunden täglich und war obendrein gut gelaunt. Immer gut aufgelegt.
Eines Tages brachte jemand ein Mädchen ins Haus, fünfzehn Jahre jung und ungewöhnlich schüchtern. Wenig später nahm Zarrinkolah das Kind mit zu sich aufs Zimmer und sagte: »Kind, ich muß dir was sagen. Ich muß es jemandem sagen. Ich hab Angst, verrückt zu werden. Ich hüte ein Geheimnis, das mir das Leben zur Last macht.«
Das Mädchen sagte: »Natürlich, jeder braucht jemanden, dem er seine Geheimnisse anvertrauen kann. Meine Oma hat immer gesagt, daß der arme Imam Ali auch mit niemandem reden konnte, so allein in der Wüste. Deshalb hat er den Kopf immer in ein Wasserloch gesteckt und ihm sein Herz ausgeschüttet.«
»Wie recht du hast«, sagte Zarrinkolah, »und deshalb sage ich dir jetzt, was ich auf dem Herzen habe. Ich sehe alle Leute kopf-

los. Die Frauen nicht. Nur die Männer. Die haben alle keinen Kopf. Die sind alle kopflos.«
Teilnahmsvoll hörte das Mädchen zu und fragte dann: »Du siehst sie wirklich alle ohne Kopf?«
»Ja.«
»Aber dann haben sie vielleicht wirklich keinen.«
»Wenn alle keine Köpfe hätten, wäre das den anderen Frauen doch auch aufgefallen«, wandte Zarrinkolah ein.
»Wallah, bei Gott, da hast du recht, ja«, sagte das Mädchen. »Aber vielleicht sehen auch sie sie alle ohne Köpfe und haben, genau wie du, nicht den Mut, das zu sagen.«
Und so vereinbarten die beiden, daß Zarrinkolah dem Mädchen ein Zeichen geben würde, sobald sie einen kopflosen Mann sähe, und das Mädchen würde Zarrinkolah informieren, wenn ihm ein Mann ohne Kopf auffiel.
Zarrinkolah sah alle Männer ohne, das Mädchen sah sie alle mit Kopf, und tags darauf sagte es: »Zarrinkolah, vielleicht solltest du beten und ein Gelübde ablegen, damit du die Männer wieder mit Köpfen siehst.«
Zarrinkolah bat Akram Hafti um zwei Tage Urlaub und ging ins Badehaus. Statt sich aber in den öffentlichen Teil zu begeben, zog sie sich an diesem Tag in eine Kabine zurück, um nicht, wie sonst, mit den anderen Frauen reden und scherzen zu müssen. Sie bezahlte eine Masseurin, die ihr den Rücken schrubbte. Sie wusch sich von Kopf bis Fuß und bat die Masseurin, sie dreimal gründlich abzuschrubben. Die massierte und schrubbte nach Leibeskräften, bis sie völlig außer Atem war. Zarrinkolah aber, blutrot gescheuert, fühlte sich trotzdem noch nicht reingewaschen, um guten Gewissens beten zu können.

Die Masseurin, den Tränen nahe, sagte nur: »Du armes Geschöpf, du scheinst den Verstand zu verlieren.«
Zarrinkolah hatte sie gut bezahlt, damit sie für sich behielt, was sie hier sah, und bat die Masseurin, ihr zu zeigen, wie man die Sünde von sich abwusch. Die Masseurin zeigte ihr, was zu tun war, und ließ Zarrinkolah dann allein. Zarrinkolah nahm die rituelle Waschung vor. Sie wusch sich rein. Fünfzig Mal. Sie scheuerte und rieb sich ab, bis ihr ganzer Körper lichterloh brannte.
Nun wollte sie sich anziehen und zum Grab des Schah Abdolazim gehen, hatte plötzlich aber den starken Wunsch zu beten. Ich kann hier beten, nackt, sagte sie sich. Doch sie kannte kein Gebet. Macht nichts, dachte sie. Wenn der Imam Ali in der Wüste so verzweifelt gewesen war, daß er sich einem Wasserloch anvertraut hatte, dann könnte sie getrost einfach nur seinen Namen sagen. Sie verneigte sich, nackt, dort im Hammam, und sagte: »Ali Ali Ali Ali Ali Ali Ali Ali Ali Ali ...«
Mit der Wiederholung dieses Namens lösten sich all ihre Spannungen, und Zarrinkolah begann zu weinen, rief unter Tränen den Namen des Imams, wieder und immer wieder.
Jemand klopfte erst, hämmerte dann an die Kabinentür. Zarrinkolah, aus ihrer Trance gerissen, ging an die Tür und fragte weinend: »Wer ist da?«
Es war die Aufsicht. Das Badehaus würde für heute schließen.
Zarrinkolah schlüpfte in ihre sauberen Kleider, überließ ihre schmutzigen Sachen der Masseurin und machte sich zu Fuß auf den Weg zum Mausoleum.
Als sie ankam, war es Nacht geworden, das Tor zum Grabmal verschlossen. Zarrinkolah setzte sich in den Hof, der im hellen Mondlicht lag, und weinte leise vor sich hin.

Als der Schrein am nächsten Morgen wieder offen stand, waren Zarrinkolahs Augen zugeschwollen, die Lider verquollen, die Pupillen, tief in ihre Höhlen gesunken, fast unsichtbar. Zarrinkolah betrat den Schrein nicht. Sie hatte aufgehört zu weinen. Sie fühlte sich unendlich leicht, leicht wie ein Strohhalm. Sie machte sich auf den Rückweg, aß unterwegs eine Schüssel Brei zum Frühstück und fragte den Verkäufer: »Wenn man jetzt, in der Hitze der letzten Sommertage, kühles Wasser trinken will, wohin geht man da am besten?«

Mit einem teilnahmsvollen Blick auf ihre verquollenen Augen sagte der Verkäufer: »Karadsch ist nicht schlecht.«

Nichts an ihr verriet mehr, daß sie einst ein Freudenmädchen war. Jetzt war sie eine kleine Frau von sechsundzwanzig Jahren, mit einem Herzen so groß wie ein Ozean.

Zarrinkolah machte sich auf den Weg nach Karadsch.

Zwei Mädchen unterwegs

In der Abenddämmerung waren zwei junge Frauen zu Fuß unterwegs auf der Straße nach Karadsch. Beide verschleiert. Die eine achtundzwanzig, die andere achtunddreißig Jahre alt. Beide Jungfrauen.
Bei Kilometer 18 kam, dreißig Schritte von ihnen entfernt, ein Lkw zum Stehen. Drinnen saßen drei Männer. Der Fahrer und sein Beifahrer waren angetrunken. Der Fahrgast, nüchtern, hatte unterwegs bereits mehrfach ins Steuer gegriffen, um Unfälle zu verhindern, und hatte irgendwann beschlossen, ruhig sitzen zu bleiben und sich dem Schicksal zu ergeben.
Der Fahrer schaltete den Motor ab, nickte seinem Beifahrer zu, beide stiegen wortlos aus und gingen auf die Frauen zu. Der Fahrgast blieb im Wagen sitzen und nutzte die Gelegenheit als Zigarettenpause.
Der Fahrer und sein Beifahrer erreichten die Mädchen und stellten sich ihnen in den Weg. Der Fahrer fragte: »Wohin soll's denn gehen, die Damen?«
Die Achtundzwanzigjährige, mit Namen Faezeh, sagte: »Wir gehen nach Karadsch, um die Früchte unserer Arbeit selbst zu ernten und endlich die lästigen Männer loszuwerden.«
Der Fahrer lachte schallend: »Ach nein? Was du nicht sagst!«
Er riß ihr den Tschador vom Kopf. Sie, so entblößt, rief: »Ey way, Hilfe! Zu Hilfe!!«
Die beiden Männer fielen über die Frauen her. Nach einem kurzen Handgemenge waren beide überwältigt. Die eine, die Fae-

zeh hieß, schrie so lange um Hilfe, bis der Fahrer ihr mit seiner kräftigen Pranke den Mund zuhielt. Die andere, Munes mit Namen, ließ den Beifahrer schweigend gewähren.
Nach kaum fünfzehn Minuten war alles vorbei. Die Männer rappelten sich hoch, erkannten, daß niemand den Mädchen zu Hilfe eilen würde, und klopften sich behäbig den Staub von den Kleidern. Die Frauen lagen noch am Boden. Weinend sagte die, die Faezeh hieß: »Gott der Allmächtige wird uns rächen.«
Die Männer hatten aufgehört, sich den Staub abzuklopfen. Der Beifahrer schien unbefriedigt.
»Ismail Agha, meine war weich wie Watte.«
»Schicksal, mein Junge«, meinte Ismail Agha. »Die andere hat sich geziert und fromm getan wie eine Nonne.«
Die beiden Männer lachten, bedankten sich bei den Frauen, schlenderten zurück zu ihrem Lkw und nahmen ihre Plätze wieder ein. Der Fahrer ließ den Motor an. Der Fahrgast fragte:
»War irgendwas?«
»Was kümmert's dich«, sagte der Fahrer.
»Verzeihung«, sagte der Fahrgast, »ich dachte, es sei vielleicht was passiert.«
»Was bist du überhaupt?« fragte der Fahrer ungehalten. »Polizist, oder was?«
»Nein, ich bin Gärtner. Die Leute nennen mich den guten Gärtner.«
Der Fahrer lachte: »Ha, guter Gärtner, wir haben den Boden gewässert.«
Der Fahrer und sein Beifahrer schütteten sich aus vor Lachen. Sie lachten so sehr, daß der Fahrer die Kontrolle über den Wagen verlor. Der Lkw drehte sich zweimal um die eigene Achse, verfehlte um Haaresbreite einen entgegenkommenden Benz

und raste direkt auf eine Baumgruppe am Straßenrand zu. Er fuhr den ersten, noch jungen Baum um und kam neben einem zweiten Baum zum Stehen. Dabei öffnete sich die Beifahrertür, und der Beifahrer stürzte unter den Wagen, noch bevor der umkippte. Der Fahrer indes flog durch die Windschutzscheibe, hoch in die Luft. Auch der Fahrgast flog durch die Scheibe, die durch den Aufprall des wuchtigen Fahrers vollständig geborsten war, und landete in einem Haufen Lehmstroh auf einer Baustelle nebenan.

Der Fahrer ergriff in seinem Flug ein Starkstromkabel und vollführte in der Luft ein recht ansehnliches Tänzchen. Dem Beifahrer war nicht einmal mehr Zeit geblieben, aufzuschreien. Der schwere Lkw hatte ihn bis zum Hals unter sich begraben, der Mann seine Augen für immer geschlossen. Der Fahrgast wischte sich Lehm und Stroh von den Kleidern, blickte in Abständen auf die Leichen und sagte ein ums andere Mal: »Was für ein Leben.«

Er merkte bald, daß er vergeblich versuchte, sich hier am Straßenrand zu säubern. Er würde ein Bad nehmen und sich umziehen müssen.

Er fand den rechten Schuh, den er verloren hatte, schlüpfte hinein, und machte sich gemächlich auf, Richtung Karadsch.

Farrokhlaghas Garten

Erster Teil

Farrokhlagha saß rechts hinten im Wagen. Herr Ostovari, Mossayeb und der Fahrer saßen zu dritt vorn. So erreichten sie den Garten um vier Uhr nachmittags. Herr Ostovari war leicht angespannt. Er fürchtete, die gnädige Frau könnte böse werden, wenn sie den Baum sah. Bis ins kleinste Detail hatte er ihr den Garten beschrieben. Nur den Baum hatte er verschwiegen.

Der Fahrer hielt vor dem Tor an. Herr Ostovari sprang aus dem Wagen, öffnete ihr die Tür und beeilte sich, dem Fahrer zuvorzukommen. Der hatte heute seinen letzten Arbeitstag. Eigentlich hatte er heute schon frei, er war aus reiner Neugier mitgekommen und natürlich aus Gefälligkeit. Die gnädige Frau konnte selbst Auto fahren.

»Jetzt werden Sie sehen, welch ein Kleinod er ist«, sagte Herr Ostovari.

Farrokhlagha ging wortlos ans Tor, gefolgt von Ostovari, Mossayeb und dem Fahrer. Am Tor blieb sie kurz stehen, wandte den Kopf, schaute über die linke Schulter, getreu der von ihrer Mutter geerbten Gewohnheit, und fragte: »Ist er das?«

»Ja, gnädige Frau«, antwortete Herr Ostovari.

Er zog einen großen Schlüssel aus der Tasche und sagte: »Gestatten Sie.«

Er schloß das Tor auf und ging einen Schritt zur Seite, damit sie eintreten konnte. Farrokhlagha setzte zögernd einen Fuß über die Schwelle. Sie war ergriffen vor Freude. Diese Freude mußte sie vor den Männern verbergen, und sie ging mit festen Schritten den Kiesweg entlang. Sie erfaßte das gesamte Grundstück mit einem Blick. Herr Ostovari holte sie ein und schwärmte: »Genau nach Ihren Wünschen. Nur ein paar kleine Ausbesserungen hier und da.«

Farrokhlagha nickte. Auf dem Kiesweg gelangte man bis vors Haus, wo ein großes Wasserbecken angelegt war. Am Beckenrand stand eine Bank. Der Weg führte um das Bassin herum bis zum Haus, wo er an einer Treppe mit mosaikverzierten Stufen endete. Kein schönes Haus. Eher eine Bruchbude. Farrokhlagha wich enttäuscht zurück.

»Eine Schicht Rauhputz, und alles sieht wieder aus wie neu«, munterte Ostovari sie auf.

Farrokhlagha malte sich das Haus in neuem Gewand aus. Er hatte recht. Rauhputz war keine schlechte Idee. Und die kleinen Fenster paßten zum Klima der Region.

Ostovari zog einen weiteren Schlüssel hervor und schloß die Haustür auf. Man betrat ein großzügiges, kühles Vestibül, von dem drei große Zimmer, ein Bad, eine Toilette und die Küche abgingen. Die Fenster der drei Zimmer gaben den Blick in den Garten frei, während man von Küche, Bad und Toilette aus in einen Innenhof schaute.

»Die Küche ist schön groß«, sagte Farrokhlagha. »Leider fehlt ein zweites Bad. Und drei Zimmer sind nicht genug. Ich werde viele Gäste haben.«

Ostovari sagte: »Khanum, ich erwähnte es ja bereits, das Fundament ist sehr solide, und die Träger sind aus Eisen. Sie könnten also ohne weiteres aufstocken.«

Er stand in einer Ecke des Vorraums und entwarf bereits Umbaupläne:

»Von hier aus könnte eine Treppe nach oben führen, und wenn Sie möchten, kann man hier einen Baum pflanzen, der hoch wächst bis in den ersten Stock und weiter, bis zum Dach. Ein wahrer Palast würde das.«

Farrokhlagha fand die Vorstellung, einen Baum im Haus zu haben, befremdlich. Ostovari, ganz in seinem Element, war kaum zu bremsen:

»Meine Idee. Wie Sie sehen, habe ich mir Gedanken gemacht.«

»Wir werden sehen«, sagte Farrokhlagha, »da der Baum ja Wasser braucht, könnte das Fundament mit der Zeit Schaden nehmen.«

Daß ihr das Haus gefiel, behielt Farrokhlagha für sich. Ostovari, das wußte sie, durfte nicht merken, wie zufrieden sie war. Im Geist sah sie ihr neues Zuhause schon vor sich. Ganz gewiß würde sie aufstocken. Sie hatte bereits Pläne für ein aktives Gesellschaftsleben und stellte sich lebhaft vor, wie all ihre Freunde aus Teheran sie freitags, am Wochenende, in Karadsch besuchen kämen. Auch wenn ihr nicht viele Freunde geblieben waren. Zweiunddreißig Jahre an der Seite eines griesgrämigen Eremiten hatten viele von ihnen vergrault. Was wiederum nicht nur von Nachteil war. Nun hatte sie Zeit, sich neue Freunde zu suchen. Bedeutende Freunde, Schriftsteller, Lyriker, gebildete Leute. Sie könnte einen literarischen Salon veranstalten, nach dem Beispiel der Damen, die Farrokhlagha aus französischen Romanen kannte.

Ostovari zeigte ihr den Garten, jeden Zentimeter. Er hatte die Bäume gezählt und äußerte seine Ansichten dazu. Um dem Garten wieder zu seiner ganzen Pracht zu verhelfen, würde man einen Gärtner anheuern müssen. Ganz offensichtlich war hier seit gut einem Jahr nichts mehr getan worden.

Ostovari hatte seinen Rundgang durch den Garten bewußt so angelegt, daß er von Baum zu Baum führte, und er stellte zu jedem einzelnen ausführliche Betrachtungen an.

»Gnädige Frau, selbst wenn Sie ganz Karadsch absuchen, finden Sie keinen schöneren Garten als diesen hier. Ich will nicht lügen. Es gibt ganz gewiß schöne Häuser hier und schöne Gärten, aber für die Summe, die Sie anzubieten haben, gibt es nichts Besseres. Zumal mit ein paar Handgriffen hier ein Paradies entstehen wird, ganz außer Frage.«

Farrokhlagha hatte längst durchschaut, daß Ostovari ihr das Grundstück schmackhaft machen wollte.

Sie überhörte es einfach. Sie hatte Haus und Garten auf den ersten Blick ins Herz geschlossen. Ostovaris Überredungskünste waren gar nicht vonnöten. Unterdessen waren sie am Flußufer angelangt.

»Wie Sie sehen, steht an dieser Seite keine Mauer«, erläuterte Ostovari. »Der Fluß bildet eine natürliche Grenze. Er fließt hier so schnell, daß man Eindringlinge nicht zu fürchten braucht. Außerdem sind die Leute hier in der Gegend keine Diebe.«

»Ah ja«, sagte Farrokhlagha.

Dann sah sie den Baum. Sie war sich nicht sicher, ob sie ihren Augen trauen sollte, und fragte: »Was ist das?«

Wenn das mal gutgeht, dachte Ostovari und begann: »Das ... ist in Wahrheit ein Mensch. Aber ich versichere Ihnen, es ist der harmloseste Mensch, den Sie je gesehen haben.«

»Und was macht er hier?«

»Wie soll ich sagen?« fuhr Ostovari fort. »Offen gestanden geben die Vorbesitzer das Grundstück nur deshalb so preiswert ab. Ich hätte es sehr bedauert, wenn Ihnen diese günstige Gelegenheit entgangen wäre. Zu diesem Preis findet man keinen

anderen Garten. Ich dachte, Sie, Verehrteste, als Frau, könnten diesen armen Baum wohl dulden.«
Farrokhlagha ging zaghaft zwei Schritte auf den Baum zu und stellte, leicht aus der Fassung gebracht, fest: »Das ist wirklich kein Baum, das ist ein menschliches Wesen.«
»Wohl wahr. Dieser arme Baum ... ist in Wirklichkeit die Schwester des Besitzers.«
»Adschab. Wie seltsam.«
»Das ist es, ja. Die arme Frau hat ihren Verstand verloren und sich selbst hier eingepflanzt.«
»Aber das ist doch unmöglich, Ostovari. Wenn sie wahnsinnig ist, gehört sie in eine Anstalt.«
»Da liegt das Problem. Die Arme ist letzten Herbst verschwunden. Sämtliche Verwandte haben landauf, landab vergeblich nach ihr gesucht. Als die Familie Anfang dieses Sommers schließlich herkam, um sich von der Stadtluft zu erholen, hat man entdeckt, daß die arme Seele sich hier eingepflanzt hatte. Kein Wunder, daß sie sie seitdem für verrückt halten. Aber, Khanum, ich sage Ihnen, sosehr Sie's auch versuchen, Sie kriegen sie aus der Erde nicht mehr heraus. Sie steckt felsenfest im Boden.«
Er zog ein großes Taschentuch aus der Tasche und trocknete schluchzend ein paar Tränen. Farrokhlagha war plötzlich sehr gerührt: »Herr Ostovari, Gott bewahre, sie ist doch nicht etwa eine Verwandte von Ihnen?«
»Aber nein, Verehrteste, so wahr mir Gott helfe, wallah, es ist mindestens zwanzig Jahre her, daß ich zum letzten Mal Tränen vergossen habe. Ich weiß auch nicht, warum der Anblick dieses armen Wesens mich jedesmal zu Tränen rührt ... Wie gesagt, jeder Versuch, sie zu entwurzeln, ist bisher fehlgeschla-

gen. Und sie fleht ihre Familie immer wieder an: ›In Gottes Namen, laßt mich hier stehen, laßt mich grünen.‹«
»Sie hat aber noch gar keine Blätter«, stellte Farrokhlagha fest.
»Nein, Blätter hat sie noch nicht. Aber sie hat Wurzeln geschlagen. Vielleicht schlägt sie ja nächstes Jahr aus.«
»Und ihre Familie?« fragte Farrokhlagha.
»Was soll ich Ihnen sagen? Die Familie ist am Boden zerstört, ins Unglück gestürzt wegen dieses Schandflecks, ihr Ansehen leidet. Es fehlen einem die Worte. Wie soll man es auch erklären? Soll man sagen: Meine Tochter, meine Schwester ist ein Baum geworden? Das kann man niemandem erzählen. Also haben sie mich schließlich um Rat gefragt und haben gesagt, sie geben den Garten preiswert ab, unter der Bedingung, daß ihr Name nicht genannt wird, was ich ihnen zugesichert habe. Deshalb ist das Grundstück so preiswert zu erstehen. Für Sie ein Glücksfall, in jeder Hinsicht.«
Farrokhlagha fragte: »Aber warum schämt sich die Familie ihrer? Ein Baum zu werden ist doch keine Schande.«
»Khanum, wie könnte es keine Schande sein? Wird denn ein normaler, ein vernünftiger Mensch ein Baum? Nur ein Verrückter kann überhaupt auf die Idee kommen, ein Baum zu werden und sein Vorhaben dann auch noch in die Tat umsetzen. Ihr armer Bruder war in Tränen aufgelöst: ›Und wenn die Leute morgen spitzkriegen, daß meine Schwester ein Baum geworden ist, werden sie sich die Mäuler über uns zerreißen. Die Baumgärtner werden sie uns nennen, die Bäumler oder Baummann und Söhne. Und sie werden uns die Hauswände beschmieren, unseren Ruf ruinieren, unseren einhundertjährigen guten Ruf.‹ Khanum, ich kann Ihnen versichern, es handelt sich hier in der Tat um eine sehr ehrbare Familie. Wie könnte sie in aller Öffent-

lichkeit sagen, eine von uns ist ein Baum geworden? Wenn sie Ministerin geworden wäre oder Anwältin, das wäre der Erwähnung wert gewesen. Einen Parlamentssitz, eine Kanzlei braucht man nicht zu verschweigen. Im Gegenteil, eine Zier wäre das. Aber wie bringt man anderen Leuten bei, daß jemand ein Baum wird? Wenn sie wenigstens Joghurt machen würde, meinte ihr Bruder, das hätten wir ja noch hingenommen. Joghurt machen ist eine ehrbare Sache. Aber ein Baum? Was soll nur werden, wallah.«

Farrokhlagha ging um den Baum herum. Mossayeb und der Fahrer hielten gebührenden Abstand, verfolgten die Szene aus sicherer Entfernung.

Der Baum, eine junge Frau von sieben-, achtundzwanzig Jahren, stand knietief in der Erde, sie trug Kleiderfetzen am Leib. Kerzengerade stand sie da und starrte die Umstehenden an. Farrokhlagha spürte, daß ihr der Baum langsam sympathisch wurde.

Ostovari fuhr fort: »Ich habe zu ihrem Bruder gesagt, ›Seien Sie unbesorgt, Agha, ich kenne eine Dame aus gutem Hause, die Ehrbarkeit in Person. Sie wird die arme Mahdokht in ihrem Garten ganz bestimmt dulden. Und Ihr Geheimnis wird bestens aufgehoben sein bei ihr. Als ehrbare Frau weiß sie, was es heißt, einen guten Ruf zu wahren.‹«

Farrokhlagha hörte Ostovaris Worte nicht. Ihr war plötzlich eine revolutionäre Idee gekommen. Dieser seltsame Baum eröffnete ihr einen ganzen Reigen von Möglichkeiten. Nicht nur einen literarischen Salon würde sie einrichten, nein, sie könnte vielleicht sogar Parlamentarierin und Anwältin werden. Soweit sie wußte, war sie die einzige weit und breit, die einen Menschenbaum hatte.

Ostovari fuhr fort: »Wie gesagt, Sie könnten ja, zum Ausgleich für diesen hier, im Haus einen anderen Baum pflanzen. Um diesen hier könnten sie eine Mauer ziehen, dann bliebe er neugierigen Blicken verborgen und würde Ihnen keine Schande machen.«

Wer einen Menschenbaum im Garten hat, der braucht keinen Baum im Haus, dachte Farrokhlagha. Ihr Geist, ihre Seele, ihr Körper, ihr ganzes Wesen war dem anderer Menschen überlegen, das hatte Farrokhlagha immer gewußt. Andere Menschen waren gar nicht in der Lage, die Bedeutung eines ›Menschenbaums‹ überhaupt zu erfassen. Farrokhlagha begriff im Grunde selbst nicht ganz, welche Bewandtnis es damit hatte, doch sie ahnte, daß dieser Baum sie berühmt machen würde.

»Ostovari, ich brauche im Haus keinen Baum. Und dieser Baum hier bleibt unangetastet, frei sichtbar. Ich nehme ihn so, wie er ist.«

Ostovari atmete erleichtert auf: »Ich hatte schon Angst, Sie würden ihn nicht akzeptieren, und dachte, falls es Ihnen recht wäre, würde ich dann den Garten kaufen. Aber, wissen Sie, ich habe sechs Kinder. Die hätten den armen Baum garantiert ausgerissen. Alhamdullilah, welch ein Segen, daß Sie ihn nehmen.«

Farrokhlagha ging in Richtung Gartentor. Im Geist schmiedete sie Pläne. Ihre revolutionären Gedanken überschlugen sich. Sie hörte Herrn Ostovari nicht mehr, rief im Gehen ihrem Fahrer zu: »Mossayeb, Akbar, fahrt in die Stadt und bringt all meine Sachen hierher!«

»Sie wollen doch nicht heute schon hier übernachten? Das gottverlassene Haus ist völlig leer«, sagte Mossayeb verblufft.

»Das stört mich nicht«, sagte Farrokhlagha, »ich bleibe ab jetzt hier. Ich möchte die Bauarbeiten begleiten. Ostovari, ob Sie wohl Maurer und Handwerker für mich auftreiben könnten, was meinen Sie? Am besten, wir fangen morgen schon mit dem Umbau an.«

Herr Ostovari fragte: »Aber wieso diese Eile, Verehrteste? Bleiben Sie doch vorerst in der Stadt. Ich kann die Arbeiten beaufsichtigen. Und Mossayeb ist ja auch noch da.«

»Nein, nein, ich bleibe hier. Wir fangen morgen an. Mehr als einen Monat sollen die Arbeiten auf keinen Fall in Anspruch nehmen.«

Es klopfte. Während Mossayeb rasch zum Tor ging, wandte er ein:

»Khanum, wozu denn hier bleiben? Im Dorf kennt man Sie nicht. Die Leute sind neugierig. Sie sehen's ja! Da klopft schon der erste.«

»Das macht doch nichts. Die Leute werden schon sehen, daß mit mir nicht unbedingt zu spaßen ist.«

Mossayeb öffnete das Tor. Draußen standen ein Mann und eine Frau. Der Mann sagte: »Verzeihen Sie, junger Mann, dieses Haus braucht nicht zufällig einen Gärtner?«

Auch Farrokhlagha hatte inzwischen das Tor erreicht. Sie kam Mossayeb zuvor und sagte: »Doch, doch, liebend gern, ja. Sind Sie etwa Gärtner?«

»Ja, das bin ich, gnädige Frau. Die Leute nennen mich den guten Gärtner. Alle sagen, ich habe einen grünen Daumen. Ich muß eine Blume nur anfassen, und schon werden hundert Blumen draus, mit hundert Blüten an jedem Stiel.«

Farrokhlagha spürte, wie sich ihr Geist, ihre Seele veränderten. Erst dieser Menschenbaum und jetzt dieser freundlich wirkende Mann, noch dazu mit einem grünen Daumen, wie er sagte.

»Könnten Sie auch als Maurer arbeiten?« fragte sie.
»Ich kann alles, gnädige Frau, alles.«
»Und sie? Ist das deine Frau?«
Der Gärtner sah die Frau an seiner Seite an und erklärte: »Nein, Khanum. Ich bin dem armen Wesen unterwegs nach Karadsch begegnet. Sie stand am Straßenrand, völlig aufgelöst und durcheinander. Als sie mich gesehen hat, hat sie laut geschrien, hat sich mir zu Füßen geworfen und bitterlich geweint. Warum weinst du denn?, hab ich sie gefragt. Sie hat mir nur immer wieder die Füße geküßt. Und irgendwann hat sie gesagt, ich sei seit sechs Monaten der erste Mann, den sie mit Kopf sieht.«
»Ist sie wahnsinnig?« fragte Farrokhlagha.
»Nein, ich glaube nicht«, sagte der gute Gärtner. »Ich bin jedenfalls weitergegangen, und sie ist mir nachgelaufen. Sie heißt Zarrinkolah, sagt sie. Und daß sie früher schlechte Sachen gemacht hat. Aber jetzt hat sie bereut und hat Buße getan.«
»Zarrinkolah, kannst du kochen?« fragte Farrokhlagha.
»Nein, Khanum Dschan.«
»Kannst du putzen?«
»Nein, Khanum Dschan.«
»Dann vielleicht Geschirr spülen?«
»Kann ich auch nicht, Khanum Dschan.«
»Was kannst du dann?«
»Ich, Khanum Dschan, ich kann alle diese Sachen lernen. Aber ich kann Geschichten erzählen, und ich kann jede Menge Lieder. Ein paar andere Sachen kann ich auch. Ich bin zwar jung, Khanum Dschan, aber ich hab einen Schatz an Erfahrungen, einen Schatz so groß wie ein ganzer Ozean.«
Farrokhlagha wandte sich wieder dem Gärtner zu.
»Wie heißt du?«

»Mein Name tut doch nichts zur Sache, Khanum. Alle nennen mich den guten Gärtner. Nennen Sie mich einfach Gärtner.«
Farrokhlagha sagte: »Gärtner, dich stelle ich ab heute ein. Aber was machen wir mit ihr hier?«
»Stellen Sie sie auch ein, Khanum. Sie kann uns Gesellschaft leisten und wird lernen, sich nützlich zu machen.«
»Also gut«, sagte Farrokhlagha und sah die junge Frau im Geiste bereits als Dienstmädchen vor sich, das ihr zur Hand gehen könnte. Sie machte keinen schlechten Eindruck, schien aber recht naiv zu sein.
»Also gut«, wiederholte Farrokhlagha. Dann wandte sie sich an Mossayeb und den Fahrer: »Fahrt und bringt soviel ihr könnt aus der Stadt hierher. Die Koffer sind ja schon gepackt, die Teppiche verschnürt. Zur Not mietet ihr eben einen Lkw. Ich möchte bis heute abend alles hier haben.«
Und an Herrn Ostovari gewandt, sagte sie: »Sie fahren in die Stadt, nehmen den Gärtner mit und kaufen Kalk und Werkzeug.«
»Verehrteste, es ist achtzehn Uhr. Jetzt sind alle Geschäfte geschlossen.«
»Keine Widerrede, Ostovari. Wir teilen ein Geheimnis. Wir müssen zusammenhalten.«
»Ganz wie Sie meinen.«
An die junge Frau gewandt, sagte Farrokhlagha: »Du bleibst bei mir und gehst mir zur Hand.«
»Wie Sie wünschen, Khanum Dschan.«
Die Männer waren kaum gegangen, da klopfte es wieder. Farrokhlagha öffnete und sah sich zwei Frauen gegenüber, in staubige Schleier gehüllt, erschöpft.
»Was wollen Sie?« fragte Farrokhlagha.

Eine der beiden brach in Tränen aus. Die andere, ältere, wartete geduldig, bis ihre Begleiterin sich beruhigt hatte.
Farrokhlagha wiederholte: »Was Sie wollen, hab ich gefragt?«
Die Frau, die bisher geduldig geschwiegen hatte, antwortete: »Seien Sie gegrüßt, gnädige Frau. Ich heiße Munes. Das hier ist meine Freundin Faezeh. Wir haben einen langen Weg hinter uns, von Teheran bis hierher. Wir sind furchtbar müde. Wir haben Schreckliches durchgemacht. Wenn Sie gestatten, würden wir gerne bei Ihnen übernachten. Und morgen werden wir sehen, was das Schicksal für uns bereithält.«
»Nun, ich bin selbst gerade erst hier angekommen. Das Haus ist noch ganz leer. Aber zwei Frauen wie Sie, hier, so allein in der einsamen Wildnis, sieht man nicht alle Tage. Sie kommen ganz offensichtlich aus ehrbaren Familien. Warum sind Sie dann alleine unterwegs?«
»Ach, das ist eine lange Geschichte«, erklärte Munes. »Weil wir beschlossen haben, aus dem Gefängnis der Familie auszubrechen, zu reisen, zu pilgern, die Welt zu sehen. Unser Pech war, daß wir Karadsch als erstes Ziel gewählt und gleich eine Katastrophe erlebt haben.«
Farrokhlagha horchte auf. Was die beiden da sagten, klang interessant: »Treten Sie näher. Mein Hausrat wird noch heute abend gebracht. Kommen Sie herein, erzählen Sie, wie es Ihnen ergangen ist.«
Die beiden Frauen traten in den Hof, und alle drei setzten sich auf die Bank am Wasserbecken. Faezeh weinte still vor sich hin. Farrokhlagha mahnte: »Junge Frau, weinen Sie doch nicht so viel. Das ist ungesund.«
Zarrinkolah widersprach: »Im Gegenteil, weinen ist sehr gesund, Khanum Dschan. Ich hab gestern zwölf Stunden lang ge-

weint. Meine Augen sind nicht immer so verquollen wie jetzt. Das kommt von den Tränen. Aber es hat mir gutgetan. Lassen Sie sie ruhig weinen.«

»Faezeh Khanum, was ist denn vorgefallen? So erzählen Sie doch, was passiert ist.«

Faezeh aber brachte vor lauter Tränen kein einziges Wort heraus.

Munes erklärte: »Wenn Sie gestatten, gnädige Frau, ich hatte mir in den Kopf gesetzt, Indien zu bereisen und China und Indochina, die Welt zu entdecken. Ich wollte alles mit eigenen Augen sehen, verstehen, begreifen und nicht einfach rumsitzen und warten, bis andere Leute mir die Welt buchstabieren, mir alles vorkauen, mich für dumm verkaufen und ich eines Tages dümmer sterbe als jede Kuh. Es heißt zwar, daß die geistig Armen selig sind. Aber ich will meinen Horizont um jeden Preis erweitern. Natürlich begegnen einem auch Gefahren, wenn man sich zu Fuß auf den Weg macht. Aber entweder ist man stark genug, der Gefahr zu trotzen, oder man kehrt wie ein frommes kleines Lamm bald zur Herde zurück. Für uns gibt's nun kein Zurück mehr. Weil man als Heimkehrer nämlich gemieden wird, als hätte man die Krätze. Und schon steckt man in der Klemme: Entweder erträgt man die Ächtung, oder man bringt sich um ... Wie dem auch sei, um es kurz zu machen: Meine langjährige Freundin hier hat sich schließlich gemeinsam mit mir auf den Weg gemacht, weil ich Angst hatte, sie allein zurückzulassen. Ich hatte schlicht Angst, sie würde sich oder einer noch ärmeren Seele etwas antun. Wenn ich bloß wüßte, warum ich mir ausgerechnet Karadsch ausgesucht habe, um aus Teheran rauszukommen? Stellen Sie sich das vor. Dabei kommt man von Teheran aus doch auch nach Mehrabad, nach Schar-e Ray oder nach Niyavaran. In Tausende Richtungen könnte man die Stadt verlassen. Ich aber hatte nur Karadsch im Kopf. Also sind wir nach Karadsch aufgebrochen. Unterwegs hat ein Lkw angehalten, der Fahrer und sein Beifahrer sind ausgestiegen und haben uns vergewaltigt. Für mich hat das alles eine tiefere Bedeutung. Ich denke, irgendeine Macht wollte mich gleich zu Beginn meiner Reise mit Schwierigkeiten konfrontieren. Traurig nur, daß auch meine arme Freundin unter meinen Plänen leiden mußte. Seitdem hat sie ununterbrochen geweint. Ich sehe das so, daß mich diese Vergewaltigung ein Stück weit innerlich gefestigt hat. Es war meine erste bittere Reiseerfahrung. Unterwegs wurde mir auch bewußt, daß viele Millionen Menschen ertrinken mußten, bevor einer schließlich schwimmen gelernt hat. Das Verwunderliche daran ist, daß nach wie vor Menschen ertrinken. Aber lassen wir das. Durch mein Gerede wird Faezeh sich auch nicht besser fühlen.«

Faezeh schluchzte: »Khanum, ich war noch Jungfrau. Ich war noch Jungfrau, so ein Unglück. Ich wollte eines Tages heiraten. Und jetzt, diese Schande, was soll ich nur machen? In Sack und Asche gehen? Was soll nur werden aus mir?«

Munes beschwichtigte: »Ach, Faezeh, Liebes, ich war auch mal Jungfrau. Damit ist jetzt Schluß, na und? Eine Zeitlang waren wir Jungfrauen. Jetzt sind wir's eben nicht mehr. Da gibt's doch nichts zu weinen.«

»Du hast gut reden, meine Liebe«, sagte Faezeh, »du bist achtunddreißig. Was nützt dir die Jungfräulichkeit noch? Aber ich, ich arme Seele, ich bin erst achtundzwanzig. Ich hätte noch die Chance gehabt, einen Mann zu finden.«

Farrokhlagha dachte, wie unhöflich von dieser Frau, der Freundin das Alter so vorzuhalten.

Munes aber sagte: »Nein, nein, Khanum Farrokhlagha, sie ist nicht unhöflich. Das arme Kind weiß, daß ich Gedanken lesen kann. Ganz einfach, wenn sie etwas denkt, weiß ich, was in ihrem Kopf vorgeht. Also hat sie gelernt, aufrichtig und ehrlich zu mir zu sein.«
Faezeh sagte: »Und außerdem kannst du deine Gesichtsform verändern und deine Augen auch. Wieso hast du dich dann nicht an ihnen gerächt?«
»Faezeh, mein Herz, ich lese nur Gedanken. Ich wollte mich ja rächen, aber am Ende haben sie auch ohne mein Zutun büßen müssen.«
»Wie denn?«
»Wenn Sie gestatten, gnädige Frau, zwei Kilometer vom Tatort entfernt hat sich ihr Lkw überschlagen. Wieso hätte ich da noch Rache nehmen sollen?«
»Du lügst doch«, sagte Faezeh. »Was soll das heißen: ihr Lkw hat sich überschlagen?«
»Liebes, wir haben uns zwar in die Berge verzogen, um einer zweiten Vergewaltigung zu entgehen. Aber ich weiß, daß der Lkw umgekippt ist.«
»Aber woher denn?«

»Ich weiß es einfach«, sagte Munes, »ich lese Gedanken.«
»Sie können tatsächlich Gedanken lesen?« fragte Farrokhlagha.
»Ja, das kann ich. Sie zum Beispiel, Verehrteste, wollen Abgeordnete werden. Und das arme Ding hier war bis gestern eine Hure. Ganz einfach. Mir bleibt nichts verborgen.«
»Möchten Sie hierbleiben?« fragte Farrokhlagha.
Munes antwortete: »Aber gern. Leider sind die Zeiten noch

nicht so weit, daß eine Frau allein reisen könnte. Eine Frau muß entweder unsichtbar sein oder brav das Haus hüten. Ich halte es zu Hause aber einfach nicht länger aus. Trotzdem müßte ich daheim bleiben. Es sei denn, ich würde es mit kleinen Schritten versuchen. Ich würde ein paar Schritte gehen, dann irgendwo unterschlupfen, dann wieder ein paar Schritte gehen, im nächsten Haus unterschlupfen. Auf diese Weise käme ich vielleicht im Schildkrötentempo rund um die Welt. Deshalb nehme ich Ihre Einladung gern an.«

Farrokhlagha war begeistert und schilderte ihre Pläne: »Meine Damen, ich möchte dieses Haus erweitern. Mein Gärtner sagt, er versteht sich auch aufs Maurerhandwerk. Er wird der einzige brauchbare Mann hier sein. Ansonsten nehmen wir alles selbst in die Hand.«

»Eine gute Idee«, fand Munes, »ich hatte all das schon vorhergesehen. So Gott will, Inschallah, kommt jetzt alles gut voran.«

Faezeh weinte noch immer.

Farrokhlagha sagte: »Was ist denn nun noch? Ist Jungfräulichkeit etwa lebenswichtig? Ich komme seit dreiunddreißig Jahren ohne sie aus.«

Faezeh sagte: »Aber Khanum, mein Ansehen steht auf dem Spiel! Was soll ich meiner Familie, meinem künftigen Mann nur sagen? Und was, um Himmels willen, wird aus meiner Hochzeitsnacht?«

Munes sagte: »Laß es erst mal so weit kommen, dann richte ich es schon so ein, daß dein Mann nichts merkt. Zerbrich dir jetzt nicht den Kopf darüber. Du weißt doch, ich kann mein Gesicht in die Länge ziehen.«

»Und warum hast du's dann vor diesen Bestien von Lkw-Fahrern nicht getan?«

Munes sagte: »Faezeh, Liebes. Ich bin zweimal gestorben und wurde zweimal wiedergeboren. Ich sehe die Dinge inzwischen mit anderen Augen. Wie soll ich dir das erklären? Ich schwöre bei Gott, dem Allmächtigen, wenn ich Flügel hätte, würde ich fliegen. Das Traurige ist, ich bin zwar zweimal gestorben, meine Seele aber ist noch immer nicht rein. Bei Gott, glaub mir, Jungfräulichkeit ist vollkommen unwichtig. Ich sorge dafür, daß du glücklich in die Ehe gehen kannst, wenn du denn einen Mann findest, Inschallah.«
Faezeh beruhigte sich schließlich, und während die Frauen auf Möbel, Hausrat und Baumaterial warteten, erzählten sie einander ihre Lebensgeschichten.

Farrokhlaghas Garten

Zweiter Teil

Im Frühling war aus dem Garten ein wahres Paradies geworden. Der Gärtner hatte recht gehabt. Er hatte tatsächlich einen grünen Daumen. Er mußte eine Blume nur berühren, und schon wuchs eine Woche später ein ganzes Blumenmeer.
Gemeinsam erledigten alle die Arbeiten am Haus. Bis auf Farrokhlagha, die die Aufsicht führte und Anweisungen gab. Den ganzen Herbst über. Der Gärtner brachte den Frauen das Maurern bei. Zarrinkolah bereitete Lehm vor, Munes transportierte ihn zum Haus, Faezeh formte Ziegel daraus, und der Gärtner zog Wände hoch. Gegen Herbstende war das Haus um drei Schlafzimmer, zwei Bäder und zwei Toiletten erweitert.
An sonnigen Tagen saß Farrokhlagha am Wasserbecken und freute sich, daß die Bauarbeiten so gut vorankamen. Manchmal nahm sie Zarrinkolah im Auto zum Einkaufen mit in die Stadt. Der Umbau geschah nach Farrokhlaghas Wünschen. Der Gärtner setzte sie um.

Zum Herbstende konnten sie einziehen. Farrokhlagha überließ Munes und Faezeh ein Zimmer. Die Frauen leisteten ihr Gesellschaft und führten den Haushalt. Faezeh kochte, und Munes kümmerte sich um alles andere. Farrokhlagha richtete das Haus vollständig ein und erlaubte dem Gärtner, sich am anderen Ende des Grundstücks ein eigenes Häuschen zu bauen.

Es genüge, wenn allein Zarrinkolah ihm dabei helfe, erklärte er Farrokhlagha.
Er baute jenseits des Gartens, am Flußufer, mit Blick auf den Mahdokht-Baum, der nach wie vor kahl war. Farrokhlagha hatte deshalb bereits mehrfach Besorgnis geäußert, doch der Gärtner hatte ihr versichert, im kommenden Frühling stünde er gewiß in voller Blüte.
»Man kann ihn nicht behandeln wie einen gewöhnlichen Baum«, hatte er erklärt. »Es ist ein Menschenbaum. Der braucht Muttermilch.«
Woher Muttermilch nehmen, fragte sich Farrokhlagha.
Der Gärtner sagte: »Keine Sorge. Ich möchte Zarrinkolah heiraten. Sie wird ein Kind von mir bekommen und wird Milch haben. Mit der kann ich den Baum dann nähren.«
Faezeh schlug eine offizielle Eheschließung vor, im Beisein des Mullahs. Doch der Gärtner lehnte dies ab. Er erklärte, er könne die entsprechenden Worte selbst sagen und brauche keinen Geistlichen. Faezeh wollte diese Art der Heirat nicht anerkennen. Sie hielt sie für ungesetzlich. Munes sagte nichts. Obwohl sie Gedanken lesen konnte. Doch Farrokhlagha ließ die Sache auf sich beruhen. Für sie zählte allein, daß sie Muttermilch für den Baum brauchte und daß der Gärtner sie ihr versprochen hatte. Alles andere war nebensächlich.
Zarrinkolah wich dem Gärtner nicht mehr von der Seite. Sie arbeitete mit ihm zusammen, tagein, tagaus. Er brachte ihr das Maurern, Gärtnern, Kochen und Sticken bei. Sie sang den lieben langen Tag, war immer in Bewegung und nirgends zu finden, wenn man sie brauchte, was Faezeh ihr übel nahm. Faezeh sah in Zarrinkolah ein schlichtes Gemüt, sie war ein Guck-in-die-Luft, eine Träumerin, die in einem fort gackerte, um ihre

Lebendigkeit unter Beweis zu stellen. Faezeh konnte solche Menschen nicht ausstehen. Mit ihrem eigenen Leben war sie nicht unzufrieden, gewiß, doch immer, wenn sie an Amir Khan dachte, versetzte das ihrem Herzen einen Stich. Sie hätte nichts dagegen gehabt, endlich seine Frau zu werden, auch wenn sie ihn nicht mehr liebte. Und auch keinen Ehemann wollte. Für sie wäre diese Heirat einfach ein Sieg. Sie wollte Amir Khans Frau werden, um diesen Sieg zu verbuchen.

Farrokhlagha verfolgte jetzt ernsthaft ihr Ziel, Parlamentarierin zu werden. Sie wartete voller Ungeduld darauf, daß ihr Haus fertig würde, um endlich die Leute einladen zu können, auf die es ankam. Sie beriet sich mit Munes, und man kam zu dem Schluß, daß sie sich, wenn sie künftig in der Öffentlichkeit stehen wolle, zunächst bekannt machen müsse. Munes schlug ihr vor, Gedichte zu schreiben und sie in Zeitungen und Zeitschriften zu veröffentlichen, um sich so nach und nach einen Namen zu machen. Farrokhlagha gefiel der Vorschlag, und so grübelte sie nun endlos über ihren Versen.

Zum Winteranfang waren die Arbeiten am Haus endgültig abgeschlossen, und die Frauen konnten sich endlich einnisten. Farrokhlagha machte ein Zimmer zum Salon, stattete ihn üppig mit Sitzpolstern, Kissen, Kerzen, Lüstern, Wein und süßen Leckereien aus, und auch Bücher durften nicht fehlen. Sie ging zum Buchhändler und bestellte fünfzig Gedichtbände für den Salon. Sie kaufte große Kerzen mit Schmetterlingsverzierungen, die brennend für eine besonders beeindruckende Atmosphäre sorgten. Sie ließ Wein- und Alkoholvorräte im Keller anlegen, damit stets genug zu trinken im Haus wäre.

Und schließlich lud sie Gäste ein. Die kamen jeden Freitag, vormittags, und blieben bis in die späte Nacht. Farrokhlagha ließ jeden Freitag ein Schaf schlachten. Der Metzger häutete und zerlegte es, Munes und Faezeh bereiteten es zu. Zarrinkolah ging den Frauen hier und da zur Hand. In Farrokhlaghas Freundeskreis hatte die Kunde von ihrem Haus und ihrem Salon bald die Runde gemacht. Jeden Freitag kamen sie nun aus der Stadt und besuchten Farrokhlagha in ihrem Garten. Sie verlor jedoch kein Wort über den Mahdokht-Baum. Der Gärtner hatte darauf bestanden, daß sie wartete, bis er vollständig grün wäre.

Im Februar kam Zarrinkolah nicht mehr zu Farrokhlagha ins Haus. Sie verbrachte nun all ihre Zeit im Haus des Gärtners. Farrokhlagha erkundigte sich bei ihm nach ihr. Er sagte, Zarrinkolah ginge jeden Morgen in aller Herrgottsfrühe mit ihm Tau sammeln, um den Baum damit zu wässern. Da sie noch immer nicht schwanger war, hatte sie auch noch keine Milch.

Munes, die die Gedanken des guten Gärtners nicht lesen konnte, bat ihn, sie zum Tausammeln mitzunehmen. Der Gärtner willigte ein. Und so verbrachten sie zu dritt den Februar und den März mit der Suche nach Tau, den die beiden Frauen in großen Blättern auffingen und dem Gärtner überließen, der den Baum damit auf seine Art versorgte. Nur er wußte, was zu tun war, und er behielt sein Berufsgeheimnis für sich.

Mitte März endlich stand der Baum in voller Blüte. Auch sang er, gemeinsam mit den Vögeln, und der Garten war erfüllt von ihren Liedern. Wie gerne hätte Farrokhlagha ihren Gästen den Baum gezeigt. Der Gärtner aber verwehrte ihr diesen Wunsch.

»Die Zeit ist noch nicht reif«, sagte er.

Eigentlich durfte selbst Farrokhlagha den Baum nicht sehen, weshalb sie einen leichten Groll gegen den Gärtner hegte. Doch sie wuchs über sich hinaus und schaffte es, diesen Groll zu überwinden. Denn sie war auf den Gärtner so sehr angewiesen, daß ihr nichts anderes übrigblieb, als sich seinen Worten zu fügen.

Zumal sie sich ihrer Lyrik zu widmen hatte. Mittlerweile kamen jeden Freitag zahlreiche Journalisten, Lyriker, Maler, Schriftsteller und Fotografen in ihren Salon, und noch immer hatte sie kein Gedicht, das sie hätte vortragen können, um ihre Bekanntheit zu steigern. Munes munterte sie auf, wann immer es ihre Zeit erlaubte, während Faezeh die Sache eher pessimistisch sah. Aus Angst vor Munes verbot sie sich natürlich, darüber nachzudenken. Doch immer, wenn sie wußte, daß Munes zu weit entfernt war, um ihre Gedanken lesen zu können, hielt sie das Ganze doch eher für Schaumschlägerei, übertriebenes Getue. Faezeh fand, an Farrokhlaghas Dichter-Marotte sei die mondgesichtige Munes schuld, die sich zwar auf allerlei Künste verstand, inklusive der, ihre Gesichtsform zu ändern, die aber mit einem Mondgesicht geboren und folglich mit Einfalt und Dummheit geschlagen war.

Es wurde April, und Farrokhlagha hatte noch immer kein Gedicht verfaßt.

Eines Morgens, gegen zehn, ergoß sich plötzlich eine Flut von Menschen in Farrokhlaghas Garten. Ihr Salon war mittlerweile zwar allwöchentlich gut besucht, doch solche Massen waren bisher nie dagewesen. Gut einhundert Gäste drängten sich an diesem Tag. Farrokhlagha, in heller Aufregung, rief Munes und Faezeh zur Arbeit und suchte händeringend nach Zarrinkolah. Unfaßbar, daß die Träumerin in aller Seelenruhe ihr Frühstücksbrot aß, statt sich zu rühren und sich um die Gästeschar zu bemühen. Farrokhlagha rief wie besessen nach dem Gärtner, der in all dem Gewimmel plötzlich vor ihr stand.

»Gärtner, sag deiner Frau, sie soll den Mädchen beistehen. Die ertrinken ja in Arbeit!«

»Unmöglich, Khanum«, sagte der Gärtner, »meine Frau ist seit gestern schwanger, und nun muß sie neun Monate lang liegen, bis das Kind da ist.«

Farrokhlagha war empört: »Hat man so was schon gehört! Erstens: Woher willst du wissen, daß deine Frau ausgerechnet letzte Nacht schwanger geworden ist? Und zweitens, was mache ich jetzt mit all meinen Gästen?«

Der Gärtner beruhigte sie: »Keine Sorge. Gleich bringe ich den Baum zum Singen. Das wird den Gästen gefallen. Sie werden ihren Hunger vergessen und keinen Bissen anrühren. Und künftig laden Sie am besten niemanden mehr ein, solange Sie noch kein Gedicht verfaßt haben. Was nützt es Ihnen, wenn all die vielen Leute hier auftauchen, sich satt essen und Ihnen nicht weiterhelfen?«

Der Gärtner zog ab, und der Baum begann zu singen. Die Gespräche verstummten, die Gäste verharrten, ein jeder dort, wo er gerade stand. Es klang, als dringe ein Wassertropfen langsam tiefer und tiefer in die Erde. Er schien dabei alle Anwesenden einzuschließen und mitzunehmen auf seinem Weg zum Ozean. Tief drang der Ozeantropfen in den Boden ein, um eins zu werden mit der Erde, die er spürte, eins zu werden mit Millionen von Elementen, die sich mit Wasser und Erde in einem endlosen Tanz verbanden. Ein Tanz, so rasend schnell, daß Hände und Füße durcheinanderwirbelten. Und diese wirbelnde, sprudelnde Essenz wurde von den Baumwurzeln aufgesogen, und es begann eine langsame Reise im Takt und zum Klang des Holzes. Die Gefäße und Adern des Baums waren wie Taue, wie Lianen, die von der Himmelsdecke hingen. Munes flüsterte Farrokhlagha zu: »Schauen Sie nur, wie viele Himmel uns umgeben! Und dort, noch einer. Ein Himmel im Himmel, im Himmel im Himmel, im Himmel ...«

Farrokhlagha sah, daß Munes ihre Himmel mit geschlossenen Augen wahrnahm. Sie schlug die Beine übereinander und betrachtete mit großem Vergnügen, wie die verblüfften Gäste sich bemühten, die Ausdehnung der Gefäße, der Adern und Lianen bis ins Unendliche zu verfolgen ... als plötzlich eine grüne Sinnestäuschung einsetzte. Alle Anwesenden waren plötzlich in grünlichen Nebel gehüllt. Himmel und Erde waren einheitlich grün. Über allem erhoben sich die Farben des Regenbogens, die Gäste lösten sich im grünen Nebel auf, wurden zu Tau und fielen als Tautropfen von den Blättern, bis in die Abendstunden hinein. Dann verstummte der Baum, die Gäste verließen das Haus, sprachlos, lautlos, vom Lied des Baumes berauscht.

Von diesem Tage an lud Farrokhlagha niemanden mehr zu sich ein. Sie nahm sich fest vor, erst wieder Besuch zu empfangen, wenn sie ein Gedicht geschrieben hätte. Tag für Tag schloß sie sich im Salon ein und arbeitete an ihren ersten Versen.

Munes verbrachte die meiste Zeit beim Gärtner und seiner Frau. Seit sie schwanger war, sprach Zarrinkolah kein einziges Wort mehr. Schweigend saß sie am Fenster und betrachtete den Fluß. Munes und der Gärtner sammelten allmorgendlich Tau und versorgten den Baum und auch Zarrinkolah damit. Sie veränderte sich langsam. Während sie an Gewicht zunahm, wandelte sich ihre Farbe. Sie wurde kristallfarben, transparent. Man konnte langsam durch sie hindurchsehen.

Munes stellte sich manchmal hinter Zarrinkolah und schaute durch sie hindurch auf den Fluß. Zarrinkolah hielt ihren Blick

auf den Fluß gerichtet, schaute unverwandt aufs Wasser, das vorbeifloß.
Am anderen Ende des Gartens saß Faezeh, alleine. Kein Gast kam mehr, um zu essen und ihre Kochkünste zu loben. Munes war nie da, die Frau des Gärtners war so gut wie unsichtbar, und der Gärtner, pausenlos beschäftigt, kaum mehr ansprechbar. Faezeh war des Alleinseins müde. Und so machte sie sich hin und wieder auf den Weg nach Teheran, einfach, um durch die Stadt zu schlendern. Sie plante ihre Spaziergänge so, daß sie sie an Amirs Haus vorbeiführten. Wenn sie ihm begegnete, nickten sie einander zu.
Ende August, als der Sommer langsam zu Ende ging, hatte Farrokhlagha in Sachen Versmaß und Reim Fortschritte gemacht. Endlich, nach drei vollen Monaten, beendete sie ihre Klausur. Sie trat aus ihrem Zimmer und setzte sich auf die Bank ans Bassin. In einer Ecke stand Munes und wässerte die Blumenbeete. Farrokhlagha rief sie zu sich, um ihr ihr Gedicht vorzutragen. Sie sagte: »Munes Dschan, das ist natürlich noch keine vollendete Lyrik. Aber ich glaube, wenn ich weiter hart arbeite, gelingt mir in zwei Jahren ein richtig gutes Gedicht.«
Munes drängte sie, ihr Werk vorzutragen.
»Wie gesagt, es ist kein richtiges Gedicht. Es ist bloß ein Versuch mit Versmaß und Reim.«
Munes ließ nicht locker.
Farrokhlagha, schamrot, nervös und angespannt, begann:

O du Zuckerdose ohne Zucker, o du Amboß ohne Schuster
O du Lachende ohne Lachen, o du Wand ohne Maler, ohne Muster
O du Schöne, oh du Gerechte, o du Schlange am Meeresstrand

O du Kokette, elfengleich, o du Traurige ohne Pinzette
O du ohne Flügel, Federn, Beine gebrochen
O du Ruhige, komm, sei beruhigt
Du bist gereist, bist gegangen, schwer bepackt, hast nichts geschaut
O du Herzensspiegel, ich sitze hier, verzweifelt und Fledermaus
Was soll man fordern von diesem düstern, verrückten Irrenhaus
Was soll man ihm sagen, diesem seelen- und fleischlosen Affen
Bekümmert bin ich, der Wind des Kummers paßt nicht zu meinen Waffen, zu meinem Krieg
Laß mein Herz sterben, o du, sei großmütig
Faris Herz ist aufgewühlt, wie ein kleiner Tempel zerfallen
Hat Sehnsucht nach dem Geliebten und tanzt nicht, es sei denn, seinem Blick zu gefallen.

Dann Stille. Munes starrte wortlos vor sich hin. Farrokhlagha sah sie gespannt an.
Endlich sagte sie: »Was hältst du davon? Ich weiß natürlich, daß es vorne und hinten nicht paßt. Bisher hab ich ja noch kein einziges Gedicht geschrieben. Dieses hier ist mein allererster Versuch.«
Munes sagte: »Geben Sie's mir, ich muß es selbst lesen. Vorgetragen hab ich's nicht richtig verstanden.«
Farrokhlagha reichte ihr die Zeilen. Während Munes sie aufmerksam und sorgfältig las, schlug Farrokhlagha das Herz bis zum Hals, in gespannter Erwartung. Natürlich verstand Munes nichts von Lyrik, dessen war Farrokhlagha sich bewußt. Zu-

mindest aber konnte sie Gedanken lesen, besaß also unbestreitbar Fähigkeiten, sagte sich Farrokhlagha, während sie mal aufs Wasser, mal auf die Bäume ringsum starrte.

Endlich begann Munes: »Darf ich fragen, warum Sie die Zuckerdose ohne Zucker an den Anfang gestellt haben?«

Genau diese Frage hatte Farrokhlagha erwartet. Lächelnd sagte sie:

»Weißt du, ich schenke Dingen sehr viel Beachtung, und Zuckerdosen hab ich mir oft angesehen. Eine Zuckerdose ohne Zucker wirkt wirklich traurig.«

Munes nickte: »Das mag sein. Aber dieser Amboß ohne Schuster klingt etwas seltsam. Ein Amboß gehört doch eher zum Schmied als zum Schuster.«

Irritiert wollte Farrokhlagha antworten, Nein, er gehört zum Schuster, doch weil sie sich nicht sicher war, fragte sie Munes: »Bist du dir da sicher?«

»Ach Gott, ich weiß auch nicht genau, wallah. Soweit ich mich erinnere, hat der Schmied einen Amboß.«

»Und wie heißt dann das Ding, das der Schuster hat?«

Munes überlegte. Doch das Wort fiel ihr beim besten Willen nicht ein.

»Mein Gott, ich weiß es auch nicht, wallah«, gab sie zu.

»Wie ungünstig. Wenn ich jetzt aus dem Schuster einen Schmied mache, muß ich Reime opfern.«

»›Schmied‹ wäre vielleicht gar nicht schlecht. Denn so, wie es jetzt ist, ergeben manche Reime wenig Sinn. Die ›Traurige ohne Pinzette‹ zum Beispiel oder ›verzweifelt und Fledermaus‹ oder ›zu meinem Krieg …, sei großmütig‹, das scheint alles nicht so recht zu passen. Vielleicht läßt sich mit ›Schmied‹ alles besser reimen. Auch die ›Schlange am Meeresstrand‹ … Schön klingt

das schon, aber ich verstehe die Bedeutung dahinter nicht, ›seinem Blick zu gefallen‹.«
Für Farrokhlagha brach eine Welt zusammen. In ihrem Kopf, das war Munes bewußt, stürzte soeben ein goldenes Traumschloß ein.
Aufmunternd sagte sie: »Zerbrechen Sie sich wegen der Lyrik nicht zu sehr den Kopf. Es gibt auch andere Wege zum Erfolg. Als kürzlich dieser Maler hier war, hab ich seine Gedanken gelesen. Er möchte Sie porträtieren. Gönnen Sie ihm den Spaß. Wenn Sie ihn gut bezahlen, malt er Sie ganz bestimmt. Auf diese Weise kommen Sie mit berühmten Leuten in Kontakt. Im Grunde haben Sie ja bereits gute Beziehungen. Sprechen Sie ihn einfach an, sagen Sie ihm offen und ehrlich, daß Sie ins Parlament wollen, und so weiter. Er hilft Ihnen bestimmt.«
Farrokhlaga unterbrach die Abbrucharbeiten an ihrem Traumschloß und bedachte Munes' Vorschlag.
Sie sagte: »Ich glaube, ab nächster Woche muß ich wieder Empfänge geben. Ich muß Mossayeb und Akbar wieder herholen. Wir brauchen Helfer, um den nächsten Empfang vorzubereiten.«
Gesagt, getan. In der folgenden Woche kamen wieder Gäste. Auch Verwandte und Freunde fanden sich ein. Amir Khan kam zwei-, dreimal vorbei, um seine Schwester zu besuchen, ohne sie jedoch weiterhin zu bevormunden. Denn inzwischen fürchtete er sie. Wenn er kam, war er höflich und zuvorkommend, aber er kam stets allein.
»Warum bringst du deine Frau nicht mit?« fragte Faezeh.
»Sie hat zu tun, Khanum. Zudem wäre sie hier geistig überfordert. Sie ist Hausfrau. Sie gehört an den Herd.«

Faezeh sagte: »Ich kann Hausfrauen nicht ausstehen. Eine Frau sollte am Gesellschaftsleben teilnehmen. Sie sollte ihren Mann dabei unterstützen, Karriere zu machen und nicht bloß in der Küche rumsitzen. Du zum Beispiel, wie lange willst du noch deine Tage als kleiner Beamter fristen? Man muß doch mal weiterkommen. Und das geht am besten, wenn man die richtigen Leute trifft. Ich kenne hier inzwischen mehr bedeutende Leute, als ich zählen kann. Ein Wort von mir, und auf jedem Amt läuft alles wie am Schnürchen.«

Amir fragte: »Kennst du auch Herrn Atr-Tschian? Er war letzte Woche hier. Glatze, untersetzt, krebsrotes Gesicht.«

»Aber natürlich, du meinst Herrn Monaqhebis Partner beim Opiumrauchen. Der ist immer mit von der Partie.«

Amirs Augen funkelten erwartungsfroh. Er hatte Herrn Atr-Tschian bisher in jedem ihrer Gespräche erwähnt, damit sie ihn fragte, was er denn von ihm wolle. Faezeh aber war klug genug, ihre Dienste nicht ohne Gegenleistung anzubieten.

Farrokhlagha stand mittlerweile dem Maler Modell. Er kam zum Porträtieren nicht nur freitags ins Haus, sondern auch jeden Dienstag. Man beschloß, eine Ausstellung mit Porträts von ihr aus unterschiedlichen Perspektiven zu machen. Er hatte so viel Honorar bekommen, daß er bereit sein mußte, auch zehn Ausstellungen zu machen.

Munes hielt sich meist am anderen Ende des Gartens auf. Sie half dem Gärtner beim Tausammeln. Mossayeb und Akbar waren für die Küche zuständig. So blieb den Frauen nichts mehr zu tun. Und als es langsam Winter wurde, spielte Farrokhlagha mit dem Gedanken, sich von ihnen zu trennen. Es war ja an ihr, zu bestimmen, was zu tun und was zu lassen war. Die Ausstellung wurde im November eröffnet. Farrokhlagha erwog, sich wieder ein Haus in Teheran zu suchen, um den Sommer im Garten in Karadsch und den Winter in der Hauptstadt zu verbringen. Die Frauen waren ihr inzwischen äußerst lästig.

Mitten in einer Winternacht war der Garten plötzlich hell erleuchtet. Munes, die am Fenster schlief, schlug die Augen auf, sah das Licht und sagte: »Jetzt bringt sie ihr Kind zur Welt.«

Sie stand auf, schlüpfte in ihre Kleider und ging ans Ende des Gartens. Es hatte heftig geschneit. Der Garten lag unter einer schneeweißen Decke, war von Licht erfüllt, strahlend hell, und es sah aus, als sei die Welt ursprünglich nichts als Licht gewesen.

Zarrinkolah war in der Zwischenzeit ganz kristallen geworden, transparent, eins mit dem Licht.

Der Gärtner saß, an die Wand gelehnt, und flickte seine Stoffschuhe.

»Wir müssen ihr helfen«, sagte Munes.

Der Gärtner sagte: »Sie schafft es allein. Eine echte Frau bringt ihr Kind ohne Hilfe zur Welt.«

Als der Morgen dämmerte, war eine Seerose geboren. Der Gärtner nahm sie und ging zum Fluß. Er hatte dort einen kleinen Teich angelegt. Das Wasser im Teich war gefroren. Er legte die Seerose behutsam auf die Eisfläche.

»So erfriert sie doch«, protestierte Munes.

»Sie wird nicht sterben. Sie wird Wurzeln treiben!«

Sie kehrten ins Zimmer zurück. Zarrinkolah saß schweigend auf dem Bett, war nicht mehr transparent. Sie war wieder sie selbst geworden, ihre Brüste prall. Der Gärtner nahm sie in den Arm, strich ihr über Kopf und Haar, küßte ihre Hände, massierte ihre Füße.

»Wir müssen dem Baum jetzt Milch geben«, sagte er.

Er reichte Zarrinkolah eine Schüssel. Sie füllte sie mit ihrer Milch. Der Gärtner sagte: »Nun schlaf gut, ruh dich aus.«
Er nahm die Schüssel, ging zusammen mit Munes zum Baum und sagte:
»Er ist gefroren. Das ist gut. Er hält Winterschlaf. Im Frühling wird das ein Baum, wie man noch keinen je gesehen hat.«
Tropfen für Tropfen gab der Gärtner dem Baum die Milch, bis zum Sonnenaufgang. Dann ging er zurück ins Haus.
Zwischen den kahlen Winterbäumen hindurch machte auch Munes sich auf den Weg zurück ins Haupthaus. Weil sie bereits zweimal gestorben war, konnte sie nichts mehr überraschen. Unterwegs lehnte sie den Kopf an einen Baum und sagte: »Ich brauche Hilfe.«
Sie beneidete die Hure. Die hatte es gut getroffen. Sich in Licht zu verwandeln war ihr so mühelos gelungen wie Lachen. Hinter dieses Geheimnis wäre Munes gerne gekommen.
»Was muß ich tun, um Licht zu werden?« fragte sie.
Und bekam keine Antwort.
Sie hatte nicht das Gefühl, ein Baum werden zu können. Das Baumsein lag nicht in ihrer Natur. Sie würde auch kein Kind gebären können. Sie war innerlich verfault, das wußte sie. Verwest vom vielen Warten. Was zur Erfahrung des Lichts führen würde, war Liebe, auch das wußte sie. Sie hatte Liebe nie erfahren. Bis zum Erstaunen war sie zwar vorgedrungen, Liebe aber war ein Ozean, ein Meer in weiter Ferne. Fern und nah zugleich. Sie wußte, wenn sie die rauhe Rinde eines Baumes wirklich berühren könnte, aufrichtig, mit den Fingerspitzen, würde sich Liebe einstellen. Doch immer, immer spürte sie die Rauhheit der Rinde, noch bevor sie sie berührte. Immer war ihr die Rauhheit des Baumes, die Gemeinheit der Menschen bewußt.

Ihr lag die Gemeinheit zwar fern, sie war frei davon, doch sie kannte sie. Ohne sie erlernt zu haben.

Dort, in der Wildnis von Karadsch, hatte sie zügellose Leidenschaft erfahren. Das Traurige daran war, daß sie die Leidenschaft schon kannte, bevor sie sie wirklich empfand. Tragisch, daß sie alles bereits kannte, in Gedanken alles vorwegnahm, sich das tatsächliche Erlebnis versagte, es verdrängte, Befürchtungen verstärkte, bis sie die Angst fast schmecken konnte und vor der echten Erfahrung zurückschreckte, aus Angst vor einem schlechten Ruf, aus Angst vor Verachtung. Sie wünschte, sie könnte als normaler Mensch in der Mitte der Gesellschaft leben, mittelmäßig sein, Durchschnitt, auch wenn ihr nicht ganz klar war, was Mittelmaß hieß. Auch was Armut bedeutete, hatte sie nie recht begriffen, war daher auch nie reich und wohlhabend gewesen. Sie hatte Regenwürmer nie gemocht, nie Demut gegenüber einem getrockneten Blatt gezeigt, das Lied der Schwalbe nie gepriesen, noch keinen Berg bestiegen, den Sonnenaufgang nicht bestaunt, hatte noch nie eine Nacht durchwacht, um den Großen Bären zu betrachten. Sie hatte Erde und Sand als eins angesehen, wohl aber zwischen Himmel und Erde einen Unterschied gemacht, hatte nie die Himmel der Erde und nie die Erden des Himmels gesehen. Sie sah, daß sie den Wunsch hatte zu verwesen, daß sie verwest war. Was mache ich jetzt, fragte sie sich. Was mach' ich mit meinem bißchen Bewußtsein? Wie kann ich es hinter mir lassen, wie überwinde ich's?

Farrokhlagha war bereits wach und stand in einem wollenen Morgenmantel vor dem Haus. Als sie Munes kommen sah, sagte sie:

»Es ist eiskalt im ganzen Haus. Hast du die Tur offengelassen?«

»Ich bitte um Verzeihung«, sagte Munes.
Sie wußte, daß Farrokhlagha sie alle aus dem Haus haben wollte. Sie fragte: »Was soll ich Ihrer Ansicht nach mit meinem bißchen Wissen anfangen?«
»Welches bißchen Wissen?«
»Das bißchen Wissen eben. Sie zum Beispiel wollen, daß wir hier weggehen. Warum, wozu muß ich das wissen?«
Farrokhlagha zuckte mit den Schultern. Sie wußte inzwischen, wie sie mit ihr umzugehen hatte. Daß Munes Gedanken lesen konnte, machte Farrokhlagha keine Angst mehr. Sie wußte, Munes war viel zu klein, war unfähig, aus ihrem Können etwas zu machen. Sie stand sich nur selbst im Weg.
Farrokhlagha sagte: »Ich fahre heute in die Stadt. Ich habe dort ein Haus gemietet. Ihr könnt hier bleiben, solange ihr wollt. Nächsten Sommer komme ich wieder. Wenn ihr geht, überlaßt dem Gärtner die Schlüssel, damit er sie mir geben kann.«

Mahdokht

Mahdokht hatte sich ans Flußufer gepflanzt. In jenem Herbst, den ganzen Herbst hindurch, hatte sie geächzt und gestöhnt. Ihre Füße froren langsam und stetig im Boden fest. Die kalten Herbstregen zerfetzten ihre Kleider. Halb nackt und zerlumpt stand sie da. Noch bevor der Winter begann, war ihr bitter kalt, und schließlich erstarrte sie ganz zu Eis. Ihre Augen blieben offen, und sie schaute unentwegt aufs Wasser. Der Fluß war nicht zugefroren, das Wasser floß vorüber. Dann kam der Frühling und brachte die ersten Hagelstürme, die das Eis an ihr brachen. Sie wußte, daß aus ihren Fingern junge Triebe sprießen würden. Mit ihren Zehen verwurzelte sie sich fest in der Erde. Den ganzen Frühling über hörte sie den Wurzeln beim Wachsen zu. Die Wurzeln sogen Kraft aus der Erde und verteilten sie überall in ihrem Körper. Tag und Nacht lauschte sie den wachsenden Wurzeln.

Im Sommer sah sie das grüne Wasser.

Im Herbst kam die Kälte. Mahdokht ächzte und stöhnte nicht mehr. Die Wurzeln ruhten. Sie hörte auf zu wachsen.

Im Winter ernährte man sie mit Tau. Sie war zwar starr vor Kälte, doch sie sah das Wasser. Blaugrün.

Im folgenden Frühjahr schlug sie aus, am ganzen Körper sprossen grüne Blättchen aus ihr. Es war ein guter Frühling. Sie hatte das Lied des Wassers gelernt. Wenn sie es sang, füllte sich ihr Herz mit Freude. Diese Freude gab sie an ihre Blätter weiter. Die Blätter wurden grüner und immer grüner.

Im Sommer war das Wasser blau. Sie konnte die Fische sehen. Mit dem Herbst kam die Kälte. Der Himmel war tief purpurfarben. Ihr Herz aber war voller Freude. Ihr Herz hatte die Natur des Baumes angenommen. Es nahm alles in sich auf.
Mitten im Winter gab man ihr Muttermilch. Sie hatte das Gefühl, zu zerspringen. Noch war nicht Frühling, doch das Eis in ihr brach bereits. Das tat weh. Sie spürte nichts als das Gefühl zerspringen zu müssen und Schmerz. Sie schaute unentwegt aufs Wasser, das nicht mehr strömte, sondern nur noch in Tropfen dahintrieb. Träge kamen die vielen Tropfen voran, und Mahdokht hatte Schmerzen. Sie wurde eins mit dem Wasser. Sie spürte jeden Wassertropfen und den Herzschlag jedes einzelnen Elements in sich. Drei Monate lang gab man ihr Muttermilch.
Mitten im Frühling brach der Baum aus ihr hervor. Nicht plötzlich, nein, nach und nach. Es schien, als wolle sie in ihre Bestandteile zerfallen. Ihre Gefäße, ihre Adern, alles zerfiel, ächzend, stöhnend, unendlich langsam. In einem endlosen Wandlungsprozeß löste Mahdokht sich auf. Wie weh das tat. Sie litt unsägliche Schmerzen, Geburtsschmerzen. Ihre Augen traten aus ihren Höhlen. Das Wasser bestand nun nicht mehr aus Tropfen, sondern aus winzigen Partikeln, die Mahdokht sehen konnte. Gemeinsam mit diesen winzigen Wasserpartikeln zerfiel sie.
Und dann war alles vollbracht. Der Baum war vollständig zu Samen geworden. Ein ganzer Samenberg. Der Wind wehte. Eine kräftige Böe blies Mahdokhts Samen ins Wasser.
Mahdokht ging mit dem Wasser auf Reisen. Die Welt lud sie ein. Sie reiste rund um die Erde.

Faezeh

Im Herbst ist die Luft in der Stadt sauber. Gegen elf Uhr vormittags sind Stadtspaziergänge ein Genuß. Während der Herbsttage, meist gegen elf Uhr, machten Faezeh und Amir Khan ausgiebige Spaziergänge durch die Straßen und Gassen der Stadt. Faezeh kam jeden Morgen aus Karadsch und traf sich mit Amir Khan am Platz des 16. März.* Er beklagte sich über seine Frau, und Faezeh schenkte ihm geduldig ihr Ohr. Amir fand seine Frau faul, verträumt, kochen konnte sie nicht, und auch das gemeinsame Kind, das gerade laufen lernte, verstand sie nicht zu versorgen. Faezeh litt mit Amir Khan. Sie gab ihm Ratschläge und spendete nach Kräften Trost.

Mitten im Herbst zog ihm sein Arbeitgeber wegen wiederholter Abwesenheit vierzehn Tage Lohn ab. Wütend verlegte Amir Khan die Treffen mit Faezeh nun auf fünf Uhr nachmittags.

Sie kam jeden Tag aus Karadsch, um sich mit Amir Khan zu treffen. Sie unterhielten sich, gingen manchmal ins Kino oder essen. So konnte es nicht weitergehen. Das Leben wurde wirklich langweilig. Sie hatten einander nichts mehr zu sagen.

Eines Tages aber sagte Amir Khan: »Vielleicht sollte ich das, was ich jetzt sage, nicht sagen, aber es ist einfach nicht gut, daß du

* Der »Platz des 24. Esfand« (16. März) ist benannt nach dem Geburtstag von Reza Schah Pahlewi (1878-1944), dem Vater des letzten Schahs von Persien, Mohammad Reza Pahlewi. Nach der Islamischen Revolution wurde er umbenannt in »Platz der Revolution«.

jeden Tag zwischen Karadsch und Teheran hin- und herfährst. Daß dir nicht irgendwann etwas zustößt! Für eine Frau ist es zu gefährlich, allein den langen Weg von Karadsch und wieder zurück zu machen.«

»Was, meinst du, sollen wir tun?« fragte Faezeh.

»Komm einfach zurück nach Teheran und lebe wieder hier«, war Amir Khans Antwort.

»Beim wem denn?«

»Zieh wieder zu deiner Großmutter.«

»Meinst du etwa, sie würde mich wieder aufnehmen? Sie versteht nichts von unserer Art zu leben. Sie wird bestimmt denken, daß ich in Schwierigkeiten bin, und wird noch schlechter gelaunt sein als früher.«

»Vielleicht sollte ich dir ein Zimmer mieten«, schlug Amir vor.

»Amir Khan, schämen Sie sich, wie können Sie so etwas überhaupt denken? Halten Sie mich etwa für eine Frau von der Sorte?«

Amir Khan wiegelte ab: »Also gut, dann schließen wir eine Ehe auf Zeit, damit sind alle Probleme aus der Welt.«

Faezeh mochte das Wort Zeitehe nicht, doch sie hielt sich zurück.

Eines Nachmittags gingen sie also zu einem Notar, um eine Ehe auf Zeit zu schließen, doch der Notar sagte:

»Wir schließen keine Ehen auf Zeit. Wir schließen Ehen.« Also heirateten sie, heimlich, denn Amir Khan würde seine Frau schonend auf diesen neuen Tatbestand vorbereiten müssen. An jenem Abend nahmen sie sich ein Zimmer in einem kleinen Hotel.

Am nächsten Morgen wachte Amir mürrisch auf. Er suchte vergeblich nach einem Taschentuch oder etwas Ähnlichem. Faezeh übersah das geflissentlich. Er bat sie auch um keines. Er stand nur auf, ging ans Fenster und schaute hinaus auf die Straße. Er war höchst unzufrieden mit seinem Schicksal und wußte nicht, bei wem er sich beschweren, wen er dafür verantwortlich machen könnte.

»Wir müssen uns nach einer kleinen Wohnung umsehen«, sagte Faezeh.

»Warte ein wenig, dann ziehst du zu mir.«

»Gott bewahre!« sagte Faezeh. »Das ist nicht dein Ernst? Du glaubst doch nicht, daß ich mit einer Nebenbuhlerin unter einem Dach wohnen werde? Im Leben nicht!«

Faezeh machte sich auf die Suche nach einer Unterkunft. Sie fand eine Dachwohnung in der Salsabil-Straße. Amir Khan suchte sich Arbeit, er fand eine Stelle in einer Import-Export-Firma, um sich seine neue Wohnung leisten zu können, und in der Hoffnung, daß Faezeh ihn recht bald mit Herrn Atr-Tschiyan bekannt machen würde.

Ihr Leben ist weder gut noch schlecht. Es geht schlicht weiter.

Munes

Munes half dem Gärtner drei Monate lang. Sie gaben dem Baum Zarrinkolahs Milch. Im April brach der Baum auf. Eines Morgens stellten sie fest, daß er vollständig zu Samen geworden war. Eine Böe hatte die Samen ins Wasser geweht.

Der Gärtner sagte: »Munes, jetzt ist es Zeit, ein Mensch zu werden.«

»Ich möchte Licht werden. Wie wird man Licht?« fragte Munes.

Der Gärtner erklärte: »Indem man das Wesen der Dunkelheit begreift. Wie alle mittelmäßigen Menschen begreifst du nicht, was Einheit heißt. Ich sage dir, geh und begreife das Wesen der Dunkelheit. Das ist das Wichtigste. Darauf kommt es an. Werde nicht Licht. Denn das wäre nur eine teilweise, einseitige Verwandlung. Schau dir deine Freundin an: Sie wollte ein Baum werden, und sie wurde ein Baum. Es war gar nicht so schwierig, wie sie gedacht hatte. Leider ist sie kein Mensch geworden, sondern ein Baum. Jetzt kann sie von vorn beginnen und in Milliarden von Jahren ein Stück weit Mensch werden. Deshalb sage ich dir, geh auf die Suche nach der Dunkelheit, suche in der Dunkelheit, geh in die Tiefe, und wenn du der Tiefe auf den Grund gegangen bist, dann findest du das Licht, du wirst es in Händen halten, es wird dich umgeben. Das bedeutet Mensch werden, geh und werde Mensch!«

Bevor sie sich's versah, drehte Munes sich um die eigene Achse und flog gen Himmel. Ein schwarzer Wind trug sie davon. Es dauerte nicht lang, da fand sie sich in einer Wüste wieder, in einer endlosen Weite.

Sieben Jahre vergingen, in denen sie sieben Wüsten durchquerte. Sie war schwach und mager und wunschlos. Sie wurde reich an Erfahrungen. Mehr nicht.

Nach sieben Jahren kam sie in eine Stadt. Sie wusch sich, legte saubere Kleidung an und wurde eine einfache Lehrerin.

Farrokhlagha Sadredivan-e Goltschehreh

Farrokhlagha verbrachte den ganzen Winter in der Stadt, in dem Haus, das sie gemietet hatte. Der Porträtmaler war fast ununterbrochen bei ihr zu Hause. Er war fünfundzwanzig und hatte eine Welt voller Malerträume im Kopf. Die erzählte er Farrokhlagha.

Im Herbst fand eine Ausstellung statt, mit Porträts von ihr aus unterschiedlichen Blickwinkeln. Zur Vernissage drängten sich zahllose Besucher. Alle kamen, die Ausstellung war in aller Munde, alle fanden sie ›großartig!‹ Vom nächsten Tag an blieb sie leer.

Den jungen Maler deprimierte das zutiefst. Farrokhlagha tröstete den Künstler, den ganzen Winter über. Zu Frühlingsbeginn war sie sein Weinen und Greinen leid. Sie gab ihm Geld, damit er nach Paris fahren und bei den großen Meistern in die Lehre gehen könnte.

Nachdem der Künstler abgereist war, blieb sie ein paar Tage allein. Sie langweilte sich, erwog, wieder in den Garten zu fahren, hatte aber keine Lust auf die Gesellschaft der Frauen.

Herr Merikhi, ein alter Freund Fakhredin Azods, kam zu Besuch. Er war über sie und Fakhredin im Bilde. Tagelang saßen sie und redeten. Herr Merikhi respektierte sie, vertraute ihr. Er sah ein großes Talent in ihr, welches vom Schicksal nicht in die richtigen Bahnen gelenkt worden war.

Er schlug vor, zu heiraten, um Farrokhlagha auf diese Weise zu ihrem sozialen Aufstieg zu verhelfen. Farrokhlagha nahm seinen Vorschlag an. Sie machten beide Karriere. Marikhi zog ins Parlament ein, Farrokhlagha widmete sich der Wohltätigkeit. Marikhi bekam einen Orden, und Farrokhlagha übernahm die ehrenamtliche Leitung eines Waisenhauses. Marikhi wurde nach Europa versetzt, und Farrokhlagha begleitete ihn.

Ihre Beziehung ist gut, weder kalt noch warm.

Zarrinkolah

Zarrinkolah heiratete den liebevollen Gärtner. Sie wurde schwanger. Sie brachte eine Seerose zur Welt. Sie liebte ihr Kind, und es wuchs in einem kleinen Teich am Flußufer heran.
Eines Sommertags sagte ihr Mann: »Zarrinkolah, wir müssen verreisen.«
Zarrinkolah putzte das Haus, verstaute die Bettsachen und schnürte ihr Bündel.
Ihr Mann sagte: »Zarrinkolah, Kleider brauchen wir nicht. Laß dein Bündel hier.«
Sie gehorchte und ließ das Bündel zurück. Sie nahm ihren Mann bei der Hand, beide gingen sie an den Teich und ließen sich auf der Seerose nieder. Die Seerose hüllte sie in ihre Blütenblätter ein, sie lösten sich in Luft auf und stiegen hoch hinauf in den Himmel.

Sommer 1978, Paris
Erneut durchgesehen im Frühjahr 1989, Teheran

Nachwort

Als junges Mädchen, im Alter von acht, neun Jahren, las ich mit meiner Mutter Bücher um die Wette. Damals gab es in unserer Straße einen Kurzwarenladen. Dort konnte man allerhand Krimskrams kaufen, und Herr Roschan, dem der Laden gehörte, nahm auch Laufmaschen auf. Nylonstrümpfe waren damals teuer. Sie galten zu Anfang der 1950er Jahre noch als Luxus. Herr Roschan hatte außerdem eine Handvoll Bücher im Sortiment, die man für einen Rial pro Tag ausleihen konnte. Ich lieh immer zwei Bücher aus: eines für meine Mutter, eines für mich. Die verschlangen wir regelrecht und tauschten sie dann; es waren meist französische Ritterromane, dann und wann ein amerikanischer Krimi oder auch englische Literatur. Aus jener Zeit ist mir ein Name im Gedächtnis geblieben: Jack Smith. Ob Jack Smith Polizist, Geheimagent oder ein Gauner war, weiß ich heute nicht mehr. Sein Name aber hatte sich mir so nachhaltig eingeprägt, daß er mir jedesmal in den Sinn kam, wenn von den USA die Rede war. Meine Mutter und ich unterhielten uns auch ausführlich über unsere Lektüre. Die iranische Übersetzung eines jener Werke, *Ruy Blas*, hatte der Verlag mit Fotos der Stars aus dem gleichnamigen Film versehen.* An die Namen der Schauspieler erinnere ich mich heute nicht mehr,

* Drama von Victor Hugo; 1948 in Frankreich verfilmt; Regie Pierre Bleet, Drehbuch Jean Cocteau.

aber ich weiß noch gut, wie beeindruckend schön ich damals sie und ihre kostbaren Kostüme fand.
Deutsche Literatur hatte Herr Roschan kaum im Sortiment. Kein Wunder, denn Deutschland hatte damals gerade den Zweiten Weltkrieg hinter sich, war geteilt worden und somit anderweitig beschäftigt. Trotzdem interessierte sich meine Mutter sehr für Deutschland. Sie sagte auch oft, wir, Iraner und Deutsche, seien miteinander verwandt, Cousins und Cousinen. Als ich später Gelegenheit bekam, Deutsche zu treffen, fiel mir zwar keine besondere Ähnlichkeit zwischen ihnen und uns auf, doch das große Interesse und die Worte meiner Mutter haben wohl dazu geführt, daß in meinem Roman *Aghl-e Abi* (Der blaue Geist) Beethoven zu einer Hauptperson wurde. So sehr fühlte sich meine Mutter als junges Mädchen mit Deutschland verbunden, daß sie überall Fotos deutscher Politiker aufgehängt hatte. Als die Alliierten* in den Iran einmarschierten, kam der Mann meiner Tante zu meiner Großmutter nach Hause, riß sämtliche Konterfeis von den Wänden und verbrannte sie. Meine Mutter, damals siebzehn, vergoß bittere Tränen.
Zur Zeit unseres Lesewettstreits war meine Mutter Anfang Dreißig. Damals hatte sie, zumindest vorübergehend, angeordnet, daß ich und meine Brüder, Schahram und Schahriar, ihr jeden Morgen die Hand küssen und sie ›Frau Prinzessin‹ anreden sollten! Ihr Stammbaum ging in der Tat auf die Dynastie der Kadscharen zurück, doch das Tragikomische an der Gegenwart war, daß wir ein einfaches Zimmer im uralten Haus unse-

* Der Einmarsch der Alliierten, nämlich der USA und der Sowjetunion, geschah im September 1941, zur Sicherung des Persischen Korridors, der Route für militärischen Nachschub im Kampf gegen deutsche Truppen.

rer Oma bewohnten, bettelarm waren und Abend für Abend nur Brot und Milch zu uns nahmen; für mich und Schahram, der damals gerade eine Typhusinfektion überstanden hatte, natürlich völlig unzureichend. Unser Vater, der Richter war, hatte dem iranischen Justizapparat den Rücken gekehrt und war, bettelarm, in den Süden des Landes gegangen, um sein Glück dort als Rechtsanwalt zu versuchen. Und da unserer Mutter die finanziellen Mittel fehlten, um sich ins Gesellschaftsleben zu stürzen, begnügte sie sich mit der Lektüre französischer Ritterromane und amerikanischer Krimis, die in New York oder Chicago spielten, und sie gönnte sich die Freude, uns zu befehlen, ihr, der Prinzessin, die Hand zu küssen. Wir allerdings befolgten ihre ernstgemeinte Anordnung nur kurz und machten uns einen Spaß daraus, uns dieser Pflicht schon nach zwei Tagen zu entziehen.

Unsere Mutter war überhaupt ein sehr humorvoller, lebensfroher Mensch. Jahre nach der Prinzessinnen-Episode sagte sie eines Tages zu meinem Bruder Schahriar: »Komm, nimm meine Stimme auf Band auf. Wenn ich tot bin, spielst du die Aufnahme am Ende meiner Beerdigung ab. Ich will mich bei allen, die mir die letzte Ehre erweisen, bedanken.« »Aber, Schahdschun«, gab Schahriar damals zu bedenken, »meint Ihr nicht, daß manche der Anwesenden vor Schreck ihr Leben lassen werden, wenn sie Eure Stimme vernehmen?«

Meine Mutter nannte sich *Schah-Dschun*. *Schah-Zadeh* bedeutet im Persischen Königssohn, Prinz oder Königstochter, Prinzessin, während *Dschun,* oder *Dschan,* Geist, Seele heißt, und im Persischen heute so gebräuchlich ist wie das englische *dear*, lieb[wert], verehrt. Also nannten auch wir unsere Mutter Schahdschan oder Schahdschun. »Ich an Khanom Fakhroldolehs Stelle wüßte, wohin mit meinem Geld«, meinte meine Mutter. Khanom Fakhroldoleh, kadscharischer Herkunft wie sie, war eine sehr reiche Frau, die sich sozial engagierte und mit ihrem Vermögen unter anderem ein Krankenhaus für die arme Bevölkerung bauen ließ. Khanom Fakhroldoleh war die Mutter von Dr. Mossadegh, dem populären Premierminister Irans [von 1951 bis 1953]. Auch sie war populär, und unsere Mutter liebte sie sehr. Unser Lesewettstreit begann übrigens zu der Zeit, als Dr. Mossadegh noch Parlamentsabgeordneter war, und reichte bis in seine Amtszeit als Premierminister. Ich weiß noch, wie aufgebracht meine Mutter eines Tages einen Artikel in der Zeitschrift *Taraghi* [Fortschritt] las. General Haj Ali Razmara, Mossadeghs Vorgänger im Amt des Premierministers, hatte behauptet, die Iraner seien nicht einmal in der Lage, eine Gießkanne herzustellen*, woraufhin der damalige Parlamentsabgeordnete Dr. Mossadegh entgegnet hatte, daß er ihm, Razmara, eines Tages den Kopf abschneiden werde wie einem Huhn. Erstaunlich, daß der Mordanschlag durch die Fedayian-e Islam, die Kämpfer für den Islam, dem Razmara kurze Zeit später zum Opfer fiel, nicht mit Dr. Mossadegh in Verbindung gebracht wurde. Die Karikatur auf der Titelseite jener Zeitschrift habe ich noch gut in Erinnerung: Dr. Mossadegh

* General Razmara war gegen die zur Diskussion stehende Verstaatlichung der iranischen Ölindustrie, da, seiner Ansicht nach, dem Iran die technischen Möglichkeiten fehlten, Öl zu fördern und international zu vermarkten. Mit der Gießkanne spielte er auf die Kanne an, die auf Toiletten ohne fließend Wasser verwendet wird.

schwingt ein Messer, und Razmara ist in Gestalt eines Huhns abgebildet.

Über meine Mutter wußte ich einiges. Daß sie gern auf dem Bett saß, zum Beispiel; daß sie eine Träumerin und in ihrer Vorstellungswelt weit bedeutender war als in Wirklichkeit; auch, daß sie kein besonders gefühlsbetonter Mensch war und sich uns Kindern eher freundschaftlich denn als Mutter verbunden fühlte. Außerdem wußte ich, daß sie sich für Literatur interessierte und ungemein viel las. Auch, daß sie nicht so gut dichten konnte wie ihre Schwester und ihre Mama, aber doch sehr gern wenigstens ein Gedicht geschrieben hätte ... Und dann wußte ich auch, daß meine Mutter einen anderen Mann liebte als meinen Vater. Oft hörte ich sie sagen: »Wenn du nicht wärst, würde ich mich von deinem Vater scheiden lassen.« Was mich natürlich psychisch belastete, meiner Seele einen Buckel beschert hat. Ständig schämte ich mich, fühlte mich unbehaglich und redete mir ein: Ich hätte meiner Mutter einen großen Gefallen getan, wenn ich nicht auf die Welt gekommen wäre. Das führte später dazu, daß ich glaubte, mich von meiner aristokratischen Verwandtschaft lossagen und Sozialistin werden zu müssen. Wie dem auch sei. Sämtliche Charakterzüge meiner Mutter nahmen also nach und nach in der Figur der Farrokhlagha Sadredivan-e Goltschehreh Gestalt an, der ich allerdings den Reichtum der bereits erwähnten, vermögenden Khanom Fakhroldoleh angedichtet habe. Um genau zu sein, setzt sich diese Figur aber aus mehr als zwei Charakteren zusammen, weil sie auch Züge meiner Cousine trägt. Sie war so schön wie meine Mutter und beschloß im Alter von siebenunddreißig Jahren plötzlich, sich der Dichtkunst zu widmen. Ich finde ja, daß es für junge Iranerinnen und Iraner heutzutage kinderleicht ist, Lyriker zu werden. Bar jedes dichterischen Rüstzeugs mißachten sie sämtliche Regeln der Kunst, reihen unvermittelt Wörter aneinander und wollen die seltsamen Vorstellungen, die sie mit diesen Wörtern wecken, als Dichtung verstanden wissen. So heißt es etwa, daß die Liebe des Lichts durch Stromkabel strömt oder daß ein Schrei schrill violett an die Grenzen der Existenz stieß. Oder aber, daß das Erdenrot zum Blau sagt: »Ich mag das Schicksal nicht.« Und wenn Katzenpfoten sich im Weinspalier verfangen, dann ... Manche dieser Verse mögen in der Tat ihren Reiz haben, doch wenn diese modernen Dichter wirre Gedanken als Dichtung ausgeben, nur um über ihr Analphabetentum hinwegzutäuschen, dann wird die Sache lächerlich. Derlei Verfechter moderner Lyrik wollen glauben machen, die Dichtkunst sei ein Gerücht, ein Hirngespinst, das man getrost über Bord werfen könne. Im Grunde geht es ja auch bei den Naturgesetzen drunter und drüber, und die Erde kreist in 365 Tagen und vier Komma X Stunden einmal, 360° nämlich, um die Sonne und bereitet damit manchen Menschen großes Kopfzerbrechen, die weder wissen, wohin mit der Differenz von fünf Tagen und X Stunden, noch was anfangen mit den starren Regeln einer menschenfeindlichen Mathematik. Also ist, im Einklang mit der chaotischen Natur, die moderne iranische Lyrik erträglich, obwohl sie die von Menschen geschaffene Ordnung oft ins Wanken bringt, wenn plötzlich Dichter wie Pilze aus dem Boden schießen und in der Gesellschaft revolutionäre Stimmung verbreiten. Und weil nun alles möglich ist, gehen mit einemmal Millionen Menschen auf die Straße und verjagen den Schah. Und dann richten sie ihre Teenager, die sich in den Kopf gesetzt haben, eine Regierung zu bilden statt zu studieren, hin. In Wahrheit ist die Tatsache, daß das Auto im Iran Einzug gehalten hat und daß sich so viele Menschen – ohne jegliche Ahnung vom Autobau – ans Steuer setzen, der Grund für das Chaos im Lande. Wenn man dann noch weiß, daß im Laufe der 33 Jahre seit der islamischen Revolution 800 000 Menschen bei Verkehrsunfällen ums Leben kamen, kann einem himmelangst werden. Daß diese Zahl so hoch ist, rührt meiner Ansicht nach daher, daß wir schlagartig beschlossen haben, Dichter zu werden, ohne uns aufs Dichterhandwerk zu verstehen.

Jedenfalls zählte auch meine Cousine zu denen, die plötzlich Gedichte verfassen und vortragen wollten. Das Erstaunliche daran war, daß einige ihrer Verse tatsächlich interessant waren. Diese Cousine, ich und ein paar andere Verwandte zogen, weil wir die Nase von zu Hause gestrichen voll hatten, aus, in eine gemeinsame Wohnung, um der Welt zu zeigen, wo's wirklich langgeht. Da unsere diesbezüglichen Bemühungen aber erfolglos blieben, trennten sich unsere Wege bald wieder. Jahre später gab die Cousine ihre Vorträge auf, weil sie an Asthma litt und daran schließlich starb. Auch ich werde vermutlich an Atemnot sterben, wie überhaupt jedem, der's der Welt zeigen will, eines Tages die Luft ausgeht.

Meine Mutter und meine Cousine lieferten jedenfalls die Vorlagen für die Figur der Farrokhlagha Sadredivan-e Goltschehreh, die ich, wie gesagt, zusätzlich mit dem großen Reichtum der Khanom Fakhroldoleh versehen habe. Ein paar Worte noch zur Wahl des Namens Farrokhlagha: Die schöne Farrokhlagha ist eine der Hauptfiguren im Heldenepos *Amir Arsalan-e Rumi* und gilt im Iran als ganz besondere Frau. Die Geschichte des Amir Arsalan hat Naghib, einer meiner Vorfahren, der berühmte Naghib-ol-Mamalek, um genau zu sein, eines Tages dem Kadscharenkönig Nassr-e Din Schah-e Kadschar erzählt, aus voller Kehle, weithin vernehmlich, und Fakhroldoleh, die Tochter des Königs, hat das Epos über die Liebe des Amir Arsalan aus Rum* zu Farrokhlagha, der Tochter des Königs Patras, aufgeschrieben. Naghib stammte aus Rum, in der heutigen Türkei. In meinem Wohnzimmer hängt ein Bild von ihm im hohen Alter. Er trägt, für einen Derwisch eher ungewöhnlich, Turban und Überwurf. Mag sein, daß er nicht der einzige Derwisch war, der sich so kleidete.

Als ich sieben war, schickte meine Großmutter mich eines Tages zum Gemüsehändler einkaufen. Dort begegnete ich einer wunderschönen Frau. Sie war groß und schlank, hatte kräftig rotgeschminkte Lippen. Die öffnete sie beim Lächeln leicht, und man sah ihre Zähne aufblitzen. Sie trug eine beachtlich große Wassermelone auf dem Arm und warf dem Polizisten, der sie ihr gekauft hatte, kokette Blicke zu. Ich war gebannt von so viel Schönheit. Nie zuvor hatte ich einen Menschen so oft lächeln, so verführerisch zwinkern und blinzeln sehen. Wir wohnten damals in Teheran, in der Nähe eines Bordells, und daß man einer Prostituierten über den Weg lief, war nichts Ungewöhnliches. Das Bild dieser Frau aber hat sich mir unauslöschlich eingeprägt. Es dient mir sozusagen als Muster für Figuren, die ich in meinen Büchern entsprechend ausarbeite. Sie hat mich, durch ihr Auftreten und ihr so verschwenderisches Lächeln, zu Zarrinkolah angeregt. Jahre, viele Jahre

* Das neue Rom, Konstantinopel, Istanbul

später, als ich wegen dieses Romans *Frauen ohne Männer* in Haft war, ging ich hin und wieder mit einer Prostituierten auf dem Gefängnishof spazieren. Sie saß wegen Drogenmißbrauchs ein, war alt und ausgebrannt, pausenlos wütend und voll der derbsten Flüche, weil niemand sie im Gefängnis besuchen kam und weil das Essen so schlecht war. Wenn ich mir im Gefängnis Essen kaufte, aß sie mit mir. Während eines unserer Hofgänge schilderte sie mir ausführlicher, wie man sie, schon im zarten Alter von zehn Jahren, an ihre künftige Arbeit als Prostituierte herangeführt hatte. Dann ging sie allein weiter, wandte sich plötzlich zu mir um … und strahlte mich an. In diesem Moment hatte ich sie als junges Mädchen vor Augen, in unbeschwerten Kindertagen. Meine Hure war in die Jahre gekommen, von Drogen abhängig und schrecklich einsam. Doch es gab auch andere Huren in diesem Gefängnis, und manche von ihnen, das erkannte ich bald, trugen durchaus Züge der großen Heiligen. Klar wurde mir auch: Ein junges Mädchen, aus dem eine Prostituierte werden soll, erzieht man von Kindesbeinen an. Um sicherzustellen, daß die junge Frau nie wieder loskommt von der Prostitution, weil sie ihr Leben lang nichts anderes getan, nichts anderes gekannt haben wird. Ein eminent wichtiges Thema. Unsere schmutzige Gesellschaft braucht freie Geschlechterbeziehungen, ungezwungenen Umgang miteinander. Genauso wie sie dringend sittsame Frauen braucht, die brav zu Hause bleiben und Kinder großziehen. Und diese unglückselige Situation, hier und da ebnet sie auch den Weg in die Prostitution. Sobald ein Mädchen sich nur im Geringsten offen, unbefangen und unbekümmert zeigt, scheint es wie geschaffen für ein Hurendasein. Im Gefängnis fiel mir damals auf, wie schön viele Prostituierte waren. Schönheit also ein weiteres Merkmal für einen Werdegang in diesem Gewerbe. Für den die Weichen bereits in der Kindheit gestellt werden. So kommt eins zum andern, und irgendwann gibt es kein Zurück mehr. Im Gefängnis habe ich mit angesehen, wie die ersten Sonnenblumen eingingen, an einem Übermaß an Zuwendung. Alle Gefangenen berühren diese Pflänzchen mit einer solchen Hingabe, daß die armen Geschöpfe schließlich gar nicht anders können als zu verkümmern. Genau so zieht man Huren heran.

Meine Tante Schokat schien mir der Inbegriff all dessen, was eine wahre Frau ausmacht. Als sie vierzehn war, hatte ihre Familie sie einem Fünfzigjährigen zur Frau gegeben. Sie bekam zwei Kinder mit ihm, hielt es aber nach dem Tod ihres Sohnes bei diesem Mann nicht länger aus und ließ sich scheiden. Sie lernte Schreibmaschine schreiben und fand eine Stelle als Bürokraft. Sie stand zwar auf eigenen Beinen, war aber sehr allein. Sich einen Lebensgefährten zu suchen wäre damals undenkbar gewesen, in dieser so gnadenlosen Gesellschaft des Iran. Meine Tante wurde ein Derwisch und lebte im Alter zurückgezogen. Sie verstand sich ein wenig aufs Geschichtenschreiben, verfaßte auch Verse. Ich habe nie erlebt, daß sie schlecht über jemanden geredet oder Menschen verleumdet hätte. Ein Teil ihres Geldes nutzte sie, um mittellosen Menschen zu helfen. Aus Wesenszügen von mir und ihr entstand Munes.

Und Parwaneh war so bescheiden, so zurückhaltend, so schüchtern, daß sie bis heute ihresgleichen sucht. Sie hatte eine schöne, ausdrucksvolle Stimme, ließ sich aber nie zum Singen bewegen, aus lauter Gottesfurcht. Sie starb magersüchtig und wog, als wir sie beerdigt haben, nur noch zwanzig Kilo. Die Figur der Mahdokht trägt Züge von ihr.

F. allerdings war ein gutes Mädchen, das sozusagen über Nacht böse wurde. Sie war überzeugt, dass ich schwer von Begriff sei. Wegen meines runden Gesichts. Ganz Unrecht hatte sie zwar nicht, weil ich ihr immer mal wieder auf den Leim ging. Irgendwann aber habe ich ihr die Freundschaft gekündigt. Mir war vollkommen schleierhaft, wie jemand geschlagene zwei Stunden lang unter Tränen Dinge erzählen konnte, die sich im nachhinein als frei erfunden entpuppten. Sic reimte sich Sachen zusammen, um mir weiszumachen, daß eine bestimmte Person meinen Schatten erschießen würde, sobald sie mich sähe. Und als sie sich absolut sicher sein konnte, daß ich dieser Person aus dem Weg gehen würde, ging sie zu ihr und redete ihr ein, ich hätte ihrem Mann von ihrer Affäre mit einem andern Mann erzählt. Warum sie sich so verhielt, blieb mir ewig ein Rätsel. Die Romanfigur Faezeh hat keine Ähnlichkeit mit F., weil Faezeh einen Mann leidenschaftlich liebt, während F. nie verliebt war. Ich weiß nicht, warum F. mir dennoch durch den Kopf ging, als ich Faezeh schuf.

Ich bin vierzehn und stecke mitten in der Pubertät. Mein Leben hat sich bisher in der Stadt abgespielt, was Dorf bedeutet, habe ich nie recht erfaßt. Wir gehen mit ein paar Verwandten nach Karadsch, unweit von Teheran, zu jener Zeit ein beschaulicher Erholungsort, mit zwei, drei Straßen und Gärten und vereinzelten Häusern ringsum. Wir bewohnen ein Haus mit einem großen Garten, das einer reichen Familie gehört. Es ist dunkel, ich liege ausgestreckt auf einer Bank im Garten und betrachte den Vollmond über mir, fühle mich verbunden mit den Bäumen, die hoch in den Himmel ragen. Die Nachtluft scheint paradiesisch, so mild ist sie. Wie losgelöst von Himmel und Erde stehen die Bäume mitten im Garten, und ich komme mir vor wie in einer Theaterkulisse. Die Gespräche um mich herum höre ich nicht, bin allein gebannt von der Schönheit, die mich umgibt. Jahre später gehen deshalb in *Frauen ohne Männer* alle Frauen und auch der freundliche Gärtner nach Karadsch – das mittlerweile zu einer bedrückenden Großstadt geworden ist; ich vermute, daß es all die schönen Gärten heute nicht mehr gibt.

Eine ähnlich eindrucksvolle Nacht habe ich einst in Darr-e Dscheni unweit von Teheran erlebt. Doch noch bevor der Name Darr-e Dscheni in eine meiner Geschichten eingehen konnte, hatte dort schon ein Bauboom eingesetzt, und das »Tal der Geister« verlor seinen Zauber. Warum mir dieser Ort in den Sinn kam? Wir waren eines Abends dort, wiederum bei Vollmond. Unter uns auch ein echter Lyriker. Er trug Gedichte vor, mein Vater sang dazu, und ich, damals sieben, acht, war kein Kleinkind mehr, sondern fast schon ein junges Mädchen und ganz außer mir vor Freude darüber, daß ich den Erwachsenen Gesellschaft leisten durfte.

Keiner der Menschen, deren Wesenszüge zur Entstehung der Figuren dieses Romans beigetragen haben, lebt heute mehr. Wenn ich zurückschaue, fällt mir auf, daß in meinem Verwandten- und Bekanntenkreis die Zahl der Verstorbenen allmählich die der Lebenden übersteigt. Ich habe sie hier namentlich erwähnt, in die Gegenwart geholt und hoffe, in der Welt der Toten nimmt mir das niemand übel.

Zweifellos wird der Titel des Romans auch mit dem Namen Shirin Neshat in Verbindung gebracht. Der Roman gehört mir so sehr wie ihr, die den gleichnamigen Film gedreht hat.

Inhalt

Suhrkamp Verlag GmbH
Torstraße 44, 10119 Berlin
info@suhrkamp.de
www.suhrkamp.de